数字营销实战人才培养丛书

中国商务广告协会数字营销研究院　虎啸奖组委会
指导编写

社会化问答营销

刘庆振　高强　张炎　何昕　陈晓鸥　编著

随着社会化网络和社区问答等互联网、移动互联网应用的快速发展，社会化问答营销逐渐成为一种全新的营销手段和营销策略。本书以知乎为基础，将理论与实践相结合，深入介绍了社会化问答营销理论知识及实践应用方法，内容包括认识社会化问答营销、理解社会化问答营销的作用机制、成为社会化问答营销的个人创作者、社会化问答营销的机构号运营、社会化问答营销的内容创作、社会化问答平台的内容分发与流通、社会化问答营销的交付闭环、社会化问答营销应用策略、不同行业的社会化问答营销解决方案、社会化问答营销的未来图景等，让读者理解并掌握社会化问答营销各个环节的相关知识，进而产出优质的内容。

本书内容全面、案例丰富、重视实践应用，既可作为高等院校传播学、新媒体、广告学等专业的教材，也可供新媒体领域的技术人员学习使用，还可作为新闻与传播研究人员的参考用书。

图书在版编目（CIP）数据

社会化问答营销 / 刘庆振等编著 . — 北京：机械工业出版社，2022.2
（数字营销实战人才培养丛书）
ISBN 978-7-111-70004-3

Ⅰ.①社… Ⅱ.①刘… Ⅲ.①网络营销 Ⅳ.①F713.365.2

中国版本图书馆CIP数据核字（2022）第011079号

机械工业出版社（北京市百万庄大街22号 邮政编码100037）
策划编辑：朱鹤楼　　责任编辑：朱鹤楼　李佳贝
责任校对：李　伟　　责任印制：郜　敏
北京瑞禾彩色印刷有限公司印刷

2022年2月第1版第1次印刷
169mm×239mm・16印张・1插页・210千字
标准书号：ISBN 978-7-111-70004-3
定价：79.00元

电话服务	网络服务
客服电话：010-88361066	机 工 官 网：www.cmpbook.com
010-88379833	机 工 官 博：weibo.com/cmp1952
010-68326294	金 书 网：www.golden-book.com
封底无防伪标均为盗版	机工教育服务网：www.cmpedu.com

数字营销实战人才培养丛书编写委员会

主　　　任：丁俊杰　中国高等教育学会广告教育专业委员会理事长、中国商务广告协
　　　　　　　　　　会副会长、中国传媒大学教授
执行副主任：丁玉青　中国商务广告协会数字营销研究院执行副院长
副　主　任：张　翔　中国高等教育学会广告专业委员会执行秘书长、中国传媒大学广
　　　　　　　　　　告学院教授、国家广告研究院副院长
　　　　　　陈海娟　机械工业信息研究院副院长、机械工业出版社副社长

学术委员（排名不分先后）：
陈素白　厦门大学新闻传播学院副院长、教授、博导
廖秉宜　武汉大学新闻与传播学院广告学系副主任、教授、智能营销传播研究团队负
　　　　责人
李华君　华中科技大学新闻与信息传播学院副院长、教授、博导，中国公共关系学会副
　　　　会长兼秘书长
刘德寰　北京大学新闻传播学院副院长、教授、博导，新媒体研究院副院长
王　菲　中国人民大学新闻学院副教授，现代广告研究中心主任
王　昕　中国传媒大学广告学院副院长、副教授
杨海军　上海大学新闻传播学院教授、博导，上海广告研究院院长
姚　曦　武汉大学新闻与传播学院教授、博导
阳　翼　暨南大学新闻与传播学院教授，数字营销研究中心主任
郑丽勇　南京大学中德数字营销实验室主任
张殿元　复旦大学新闻学院院长助理、教授
张宏邦　西安交通大学新闻与新媒体学院副院长、教授，应用新闻传播学研究委员会常
　　　　务理事

专家委员（排名不分先后）：
李　黎　网易传媒集团首席执行官
马旗戟　国家广告研究院研究员、中国商务广告协会数字营销研究院院长
毛海峰　快手磁力引擎副总裁、内容商业化中心负责人
潘　飞　蓝色光标传播集团首席执行官
石立权　京东集团副总裁
孙　学　华扬联众首席运营官
袁　俊　中国商务广告协会数字营销专业委员会常务副秘书长、中国商务广告协会中小
　　　　企业数字化推进委员会副理事长兼秘书长
曾　怿　搜狐公司市场副总裁
郑晓东　利欧数字集团首席执行官

丛书序

树欲静而风不止
——写在"数字营销实战人才培养丛书"面世之前

在"数字营销实战人才培养丛书"面世之前，有幸落笔，甚为感触。

作为数字互联网生态的前沿与支脉，营销数字化伴随中国互联网超过二十年，这二十年间，数字营销的前进步伐始终紧跟数字互联网的进化方向，从数字内容生产机制，到数字内容创意载体，再到数字内容分发方式，快速迭代，极速进化，从营销链条的几乎所有环节尝试提升数字化效能。

作为"新生事物"，数字营销成长过程中迎接过持续不断的创新红利，也经历过一次又一次试错探索，我们应该庆幸自己工作学习、生活在这样一个精彩的数字时代，成为营销数字化的推动者、参与者与见证者。

数字营销的"新生"特质，存在着极为显著的外延与内卷特征。以外延特征审视，会发现数字化互联技术作用于营销，正让营销告别传统认知中的业务职能，正让营销成为商业价值驱动力与组织数字化变革的重要基石；以内卷特征探寻，则会发现可以被视为一个整体的数字营销，同样在不断进行"细胞分裂"与"分支进化"，其中"细胞分裂"直接决定数字营销日新月异的新陈代谢，而"分支进化"则在二十余年间，衍生出像素级的数字营销细分领域——外延与内卷，决定了数字营销的蓬勃生命力以及从未放缓过的竞争力爆发速度。

高速变化的数字商业环境，给营销领域的人才培养机制带来挑战！

在相对稳定与渐进的商业环境中，显性学科教育主导的高等人才培养，促进研学一体化的人才规模化成长；而在瞬变与突进的商业环境中，一切学术理论均需在变境中探索和延展，快速适配环境且具备理论结合实战的人才打造机制，便显得额外重要。

感谢"数字营销实战人才培养丛书"的每一位参与者，这套丛书不再局限于理论教育，而立足于实战角度的数字商业流量环境，将可应用于实战的教育内容进行结构化、系统化与内容化。对于本系列丛书的使用者，无论是教学者还是求学者，相信都能从书中找到理论结合实践的切实面，进而体会在实战认知、思维、方法、技能、资源领域等，如何形神兼备实现数字营销产业的探索与掌握。

再次致敬这个数字驱动的时代，让我们每一个人能身在其中观察变化、感知变化、体验变化，也再次致敬每一位在"数字营销实战人才培养丛书"中投入心力、脑力与体力的参与者，由于各位的努力，数字营销实战人才培养机制的未来将大有不同。

丁俊杰
中国传媒大学教授
中国商务广告协会副会长
中国高等教育学会广告教育专业委员会理事长

推荐序

内容营销，价值交互，社会化问答方兴未艾

在苏格拉底看来，知识是一种美德；在柏拉图看来，知识则由天赋而来。人类从呱呱坠地开始不停渴求知识，是对那个完美理念世界的不断回忆与再现。数千年前，哲学家们的论辩，车马书信都很慢，而今天的互联网却能让身处世界两端的人随时随地交流心中疑问。

科学与技术的进步能够帮助我们更好地认识这个世界，随着互联网和新媒体的发展，也让信息采集、传播的速度和规模达到了空前水平，全球信息实现了共享与交互。在汹涌而来的信息里，我们不断筛选着知识，也在这个过程中承认了人类已知的有限和未知的无限这一永恒不变的真理。

但我们依然坚持向世界发问，向自身发问，拼命搜寻着、思考着答案。对世界的好奇是知识的萌芽，知识能让人快乐，作为社会人总是在问与答中去理解那些尚未被理解的存在，去体会追根溯源的愉悦。

而社会化问答平台，是现代人的求知处、万物互联的辩论场、营销价值的一汪深泉。

这本《社会化问答营销》的诞生，不仅通过对"社会化问答"的深刻阐释展现了当下社会中人类的一种求知本能，更是在"内容 × 营销"的时代里对新营销问题的一种解答。

特别是在信息过剩的行业里，提出一个好问题和解答好一个问题具有相等的价值，《社会化问答营销》从社会化问答平台内容的创作到流通、分发，

再到提出社会化问答营销的应用策略，全方位地揭示了当下一种重要的营销方式。对不同行业所提出的具体解决方案和案例分析，也让这本书的理论价值与应用价值上升到更高的层面。

社会化问答平台就是未来的知识百科全书，我们是彼此的读者，更是携手的作者。

因此，回顾从社会化问答到社会化问答营销的发展过程，洞悉社会化问答营销的发展趋势是很有必要的。《社会化问答营销》通过对社会化问答的演变过程的回顾完善了读者对"营销+社会化问答"的认知；基于对相关概念的梳理，让社会化问答营销在未来的价值与图景更加清晰可见。它包括了社会化问答营销的六大价值、社会化问答营销过程中需注意的问题、创新社会化问答营销的策略等。

有问题就有答案，有用户就有社交，有内容就可传播，社会化问答是当今社交生态的缩影，而平台则作为承载方为我们提供了交流的场所，并且以更加多样的创新完善着其中机制。知识、内容、价值、交流是用户的需求，营销人员对此越是了解、越是贴近，也意味着能够迈往更好、更长远的未来。

陈徐彬

虎啸奖创始人

中国商务广告协会副会长

中国商务广告协会数字营销专业委员会秘书长

前言 Preface

根据中国互联网络信息中心（CNNIC）发布的第46次《中国互联网络发展状况统计报告》数据显示，截至2020年6月，我国网民规模达9.4亿人。其中，手机上网用户达到了9.32亿，9亿多的互联网用户每天都在通过文字、图片、音频、视频等媒体形态为自己脑海中产生的各种问题寻找答案。在这些人中有50%以上的用户在各种网络平台或移动应用上有过提问的经历，有3亿以上的用户经常在专门的问答工具或问答平台上浏览内容或寻找答案。可以看出社会化问答发展势头迅猛，因此，大家需要以创新的眼光看待这个行业。

社会化问答营销不仅兼具社会化营销、内容营销、知识营销、口碑营销、病毒营销等营销形式的优点，同时以自身场景丰富、高度精准、效果持久等优势而受到各类企业和营销机构的青睐。

本书围绕社会化问答营销，从10个任务入手，对社会化问答营销的理论和实践进行了细致全面的介绍。

任务一，认识社会化问答营销，对社会化问答营销的概念、特征、基本价值和产业链相关环节进行全面的了解。任务二，理解社会化问答营销的作用机制，对社会化问答营销的基本前提假设、重要变量因素、核心运行逻辑和整合营销策略等形成全面的了解。任务三，成为社会化问答营销的个人创作者，以目前国内最大的社会化问答平台知乎为例，拆解社会化问答平台的内容生产体系，通过方法论和实际案例了解成为优秀内容生产者的成长路径。任务四，学习社会化问答营销的机构号运营，包括如何在知乎开通机构号、机构号的权益有哪些、关于破冰运营的建议、机构号如何成长，以及简要介绍机构号的商业价值等。任务五，进行社会化问答营销的内容创作，学会如何提出一个好问题、如何做出一个好回答,以及如何不断改进自己的提问与回答技巧。任务六,理解社会化问答平台的内容分发和流通逻辑、原理和机制,学会提升内容流通的技巧、方式和策略,掌握加速内容流通的方法和工具。任务七,学习如何更加系统、全面、有机地将社会化问答平台上的内容和营销、个人创作者和机构创作者、内容创作与内容运营等更好地融合起来,形成一种良性的营销闭环乃至营销生态。任务八,聚焦社会化问答营销的独特价值,并以汽车行业为例,通过分析多个营销案例,详细解读社会化问答营销的解决方案。任务九,了解不同行业的社会化问答营销解决方案,从成功案例中汲取经验,灵活运用社会化问答平台开展相关的营销活动。任务十,了解社会化问答营销的未来图景,从整体上理解和把握社会化问答营销在未来三至五年时间内的基本走向。

本书内容全面、结构清晰,主要具有以下特色。

(1)内容新颖、紧跟潮流。本书作为讲解社会化问答营销的书籍,内容紧跟时代潮流,关注社会化问答营销的最新动态,引用的相关资料和数据都尽可能采自最新的报告或文章。

(2)案例丰富、激发兴趣。本书提供了大量的社会化问答营销实战案例分析,这些案例分布在各个章节之中,能够激发读者的学习兴趣,帮助读者边学边练,全面掌握方法。

(3)体系完整、覆盖面广。本书全面介绍了社会化问答营销及其延伸的理论知识,同时花费大量笔墨介绍了社会化问答营销创作的实际操作方法,读者仅阅读本书,就可以全面了解社会化问答营销的理论知识与实践技能。

除了本书的编者,沧州师范学院的安琪老师亦对本书有很大贡献,在此表示感谢。

由于编者学术水平有限,书中难免存在表达欠妥之处,因此,编者由衷地希望广大读者朋友和专家学者能够拨冗提出宝贵的修改建议。修改建议可直接反馈至编者的电子邮箱:13488790554@139.com。

目录 Contents

数字营销实战人才培养丛书编写委员会
丛书序
推荐序
前　言

第 1 章
认识社会化问答营销　　001

1.1　社会化问答营销概念认知　　…003
　　1.1.1　生活中的社会化问答现象　　…004
　　1.1.2　从社会化问答到社会化问答营销　　…008

1.2　社会化问答营销的历史阶段认知　　…013
　　1.2.1　社会化问答平台发展简史　　…013
　　1.2.2　社会化问答营销的演变　　…016

1.3　社会化问答营销的现状认知　　…019
　　1.3.1　社会化问答营销的市场状况　　…019
　　1.3.2　社会化问答营销的主要形式　　…021
　　1.3.3　社会化问答营销的关键特征　　…021
　　1.3.4　社会化问答营销的基本价值　　…024

第 2 章
理解社会化问答营销的作用机制　　027

2.1　了解营销的作用机制　　…029
　　2.1.1　营销漏斗　　…029

2.1.2 营销效果 ...031
2.1.3 流量 ...035

2.2 理解社会化问答营销的作用机制 ...039
2.2.1 社会化问答营销与传统广告营销的区别 ...039
2.2.2 社会化问答营销的基本前提 ...044
2.2.3 影响社会化问答营销效果的主要变量 ...047
2.2.4 社会化问答营销的 3C-5A 内容池互动模型 ...049

第 3 章
成为社会化问答营销的个人创作者   053

3.1 理解社会化问答平台的社区氛围 ...055
3.1.1 社会化问答的用户 ...055
3.1.2 社会化问答平台的内容生态 ...058
3.1.3 社会化问答用户的内容生产和消费 ...059
3.1.4 社会化问答平台的社区氛围 ...061

3.2 个人创作者的内容生产 ...064
3.2.1 知乎作为社会化问答平台的功能和规则 ...065
3.2.2 人人都是创作者 ...067
3.2.3 "创作者等级"分值背后的体系 ...068
3.2.4 如何快速成为优秀的社会化问答个人创作者 ...069

3.3 发掘个人创作者的商业价值 ...074
3.3.1 个人创作者中的 PU ...074
3.3.2 PU 的内容创作到商业内容创作 ...075

第 4 章
社会化问答营销的机构号运营   077

4.1 如何成为机构用户 ...079
4.1.1 什么是机构号 ...079

- 4.1.2 机构号用户的特征 ...081
- 4.1.3 机构号的高阶权益 ...084

4.2 掌握机构号运营的方法 ...086
- 4.2.1 机构号的注册与认证 ...086
- 4.2.2 知乎机构号的定位 ...088
- 4.2.3 机构号的成长 ...091
- 4.2.4 机构号的注意事项 ...095

4.3 机构号的商业价值扩容 ...096

第 5 章
社会化问答营销的内容创作 101

5.1 认识社会化问答内容 ...103
- 5.1.1 社会化问答平台的内容形态 ...103
- 5.1.2 社会化问答平台的营销形态 ...109

5.2 掌握提出好问题的方法 ...113
- 5.2.1 提问的营销价值和作用 ...113
- 5.2.2 提出好问题的方法 ...115

5.3 掌握做出好回答的方法 ...119
- 5.3.1 回答的营销价值和作用 ...119
- 5.3.2 如何选择问题进行回答 ...120
- 5.3.3 如何写出好回答 ...123
- 5.3.4 如何在回答中融入营销要素 ...125

第 6 章
社会化问答平台的内容分发与流通 129

6.1 认识内容的分发逻辑 ...131
- 6.1.1 主要的内容分发模式及其异同 ...131

6.1.2 社会化问答平台的问答排序逻辑 ...134
6.1.3 社会化问答平台上的内容流通逻辑 ...135

6.2 个人创作者的内容加速流通方法 ...138
6.2.1 内容自荐 ...138
6.2.2 自定义推广 ...140
6.2.3 如何获得内容加速权益 ...141

6.3 机构创作者的内容加速流通方法 ...142
6.3.1 内容加速流通的主要工具 ...142
6.3.2 "知+"的内容分发与流通功能 ...146

第 7 章
社会化问答营销的交付闭环　　149

7.1 机构创作者（品牌）的内容交付需求 ...151
7.1.1 社会化问答平台上的用户决策 ...151
7.1.2 商业机构的主要转化需求 ...152

7.2 社会化问答平台提供的工具与服务 ...154
7.2.1 用于内容创作与选择的工具和服务 ...154
7.2.2 机构号内容流通的主要场景 ...157
7.2.3 打通从内容到转化的交付闭环 ...158

7.3 个人创作者（用户）的传播与营销价值 ...163
7.3.1 个人创作者的内容营销价值 ...163
7.3.2 个人创作者的内容变现权益 ...165

第 8 章
社会化问答营销应用策略　　169

8.1 社会化问答营销的价值 ...171
8.1.1 长尾价值 ...172

8.1.2　自生长价值　　　　　　　　　　　　　　　　…172
　　8.1.3　出圈价值　　　　　　　　　　　　　　　　　…172
　　8.1.4　场景价值　　　　　　　　　　　　　　　　　…173
　　8.1.5　故事价值　　　　　　　　　　　　　　　　　…173
　　8.1.6　带货价值　　　　　　　　　　　　　　　　　…174

8.2　汽车社会化问答营销的基本应用策略　　　　　　　…175
　　8.2.1　超级首发　　　　　　　　　　　　　　　　　…175
　　8.2.2　超级众测　　　　　　　　　　　　　　　　　…179
　　8.2.3　好物推荐　　　　　　　　　　　　　　　　　…182

8.3　汽车行业社会化问答营销的应用实例　　　　　　　…184
　　8.3.1　捷豹：独家情豹，24小时直播拆车挑战　　　　…184
　　8.3.2　雪佛兰创界：创造你的答案　　　　　　　　　…185
　　8.3.3　长安马自达：万人众测揭秘"第三类悬挂"　　　…186
　　8.3.4　一汽丰田：知乎在线车书，新车营销新知　　　…188

第9章
不同行业的社会化问答营销解决方案　　　　　　191

9.1　电商行业的解决方案　　　　　　　　　　　　　　…193
　　9.1.1　dearBOYfriend 亲爱男友　　　　　　　　　　…196
　　9.1.2　康尔馨 Careseen　　　　　　　　　　　　　　…199

9.2　教育行业的解决方案　　　　　　　　　　　　　　…201
　　9.2.1　留学快问　　　　　　　　　　　　　　　　　…203
　　9.2.2　开课吧　　　　　　　　　　　　　　　　　　…204

9.3　数码家电行业的解决方案　　　　　　　　　　　　…207
　　9.3.1　AIRFLY 鱼子酱高速吹风机　　　　　　　　　…209
　　9.3.2　DJI 大疆机甲大师　　　　　　　　　　　　　…211

9.4 美妆行业的解决方案　　…213
9.4.1 兰蔻菁纯　　…215
9.4.2 朗仕LAB　　…216

第10章
社会化问答营销的未来图景　　219

10.1 社会化问答营销过程中需注意的问题　　…221
10.1.1 营销与内容的关系问题　　…221
10.1.2 品牌与效果的关系问题　　…222
10.1.3 短线利益与长线价值的关系问题　　…223

10.2 创新社会化问答营销的策略　　…225
10.2.1 问题即痛点，答案即营销　　…225
10.2.2 用户即渠道，社交即营销　　…225
10.2.3 内容即广告，传播即营销　　…226

10.3 社会化问答营销的发展趋势　　…228
10.3.1 场景化　　…228
10.3.2 视频化　　…230
10.3.3 智能化　　…232
10.3.4 即时化　　…234

第 1 章

认识社会化问答营销

任务描述

社会化问答营销是一种全新的营销手段和营销策略，它是随着社会化网络和社区问答等互联网、移动互联网应用的快速发展而逐渐形成的，它兼具社会化营销、内容营销、知识营销、口碑营销、病毒营销等营销形式的优点，同时又以自身场景丰富、高度精准、效果持久等优势而受到各类企业和营销机构的青睐。作为新媒体、市场营销等相关专业的学生和从业者，要在理解社会化问答营销概念的基础之上，对社会化问答营销的特征、价值、产业链相关环节有一个全面系统的认识。

学习目标

知识目标

了解社会化问答和社会化问答营销的概念。

了解社会化问答营销的主要发展阶段。

了解社会化问答营销的关键特征和基本价值。

能力目标

能够识别生活中遇到的典型的社会化问答营销现象。

能够了解社会化问答营销对于企业营销的重要价值。

能够举例说明社会化问答营销产业链中的主要利益相关者。

任务导入

随着移动互联网的快速发展,企业对数字营销的重视程度越来越高,对数字营销人才的需求也越来越强烈。社会化问答营销作为一种方兴未艾的营销手段,正在成为越来越多的企业开展营销活动的标配。如果你希望了解社会化问答营销并掌握相应的能力技巧,那么请首先完成本任务,对社会化问答营销的概念、特征、基本价值和产业链相关环节进行全面的了解,从而为后续学习打好基础。

任务解析

根据社会化问答营销活动的基本环节顺序和学习的基本规律,"认识社会化问答营销"任务可以分解为以下三个子任务:

(1)社会化问答营销概念认知。

(2)社会化问答营销的历史阶段认知。

(3)社会化问答营销的现状认知。

1.1 社会化问答营销概念认知

社会化问答营销初学者的第一课，主要是了解社会化问答营销的概念，尤其是从日常生活的角度认识社会化问答营销的典型表现，并在此基础上，掌握社会化问答营销与内容营销、知识营销、口碑营销等营销形式之间的异同。

进入21世纪，移动互联网快速发展，各种媒体渠道层出不穷，在此基础上催生了形形色色的新媒体营销手段，比如搜索引擎优化（SEO）、社会化营销、微信营销、微博营销、信息流广告、大数据营销等。但所谓的新媒体营销，其实是一个不太准确的说法，因为新是相对于旧来说的，而不是针对媒体本身来说的。当我们谈论新媒体营销、网络营销或者数字营销的时候，我们更多谈论的是各种新兴的营销方式与传统的营销方式之间的差异。

总的来看，与传统营销相比，新媒体营销充分调动了广大消费者的积极性。随着各类新兴网络平台和移动应用的出现，消费者可以通过网络工具沟通、交流对某一商品的体验，并将这些信息以最低的成本和最快的速度传递给市场上的其他消费者。这就意味着，消费者自己成了营销传播中的节点，通过人际传播的方式一传十、十传百、百传千，达到引爆营销的效果。通过新媒体营销，一方面在某种程度上降低了企业进行硬性品牌广告投放的成本，另一方面增强了企业与消费者、消费者与消费者之间的情感连接与深度互动性。

社会化问答营销就是众多新媒体营销手段中高度重视消费者话语表达的一种典型的营销方式。

1.1.1 生活中的社会化问答现象

1. 生活中的问答

场景一：小张参加了高考，在她回答完最后一个卷面问题、走出考场后，发现更多的问题接踵而至。这些问题，有的没有标准答案，有的选择可能会改变她一生的命运。比如志愿填报是大学重要还是专业重要？本省的211大学好还是北京的普通大学好？这些问题，都是每年像她一样的高考考生会面临的新问题，但这些问题却也是过来人的老问题。有些弯路不必再走，前辈的经验值得参考。于是，她在搜索框内输入了自己关于高考志愿填报的一系列问题。

场景二：小丽是一个刚刚进入大学校园的学生，经过十几年的埋头苦学之后，她开始重视自己的外在形象，想要了解一些美妆、护肤、健身等方面的知识，但却不知道该从何下手，也不知道该从哪些平台上获取这些知识。这时，她发现问答社区中有很多干货，不同于其他的新媒体平台那样有太多广告。从此之后，小丽经常翻看问答平台推荐的高赞回答，她觉得这既是在放松也是在学习。

场景三：小李比较关注社会热点话题，每当一些影响到较多公众或特定领域的新闻事件出现之后，他总是很想和别人进行深入的讨论。但在现实生活中，小李的朋友们很少像他一样积极关注社会热点话题。当他再一次和朋友聊起社会热点话题时，不了解这个话题的朋友建议他去社会化问答平台搜索与该事件相关的问答内容。小李逐渐发现从这些回答中，他会了解到关于此事件更全面、更丰富的细节和更多元、更新颖的观点解读，因为其中有些答主可能本身就是事件的当事人或利益相关者，有些则是在垂直领域深耕多年的专业人士。

2. 有问题的时候，应该怎么办

人类自从出生就爱思考、爱提问。长大之后，每个人都会面临很多的选择及问题，面对这些问题做出的决定大部分已经内化为每个人的行为习惯，尽管如此，每个人每天还会提出各种各样或大或小的具体问题。

英国诺贝尔文学奖获得者约瑟夫·鲁德亚德·吉卜林（Joseph Rudyard Kipling）有一句著名诗句形象地描绘了每个人一生会遇到的各种各样的问题，即"五千个在哪里？七千个怎样？十万个为什么？"据统计，上海少儿出版社于2013年出版的第6版《十万个为什么》丛书共回答了青少年在成长过程中经常会提出的包括数学、物理、化学、天文、地球、生命等领域在内的4500个问题，但这些问题仅仅是每个人在一生中所遇到问题的冰山一角。

重点名词

问题

汉语中的"问题"是一个含义非常丰富的词汇，它既可以理解为学习过程中有着较为明确答案的知识型问题，也可以理解为生活中遇到的很多没有确切答案的现实问题，还可以理解为工作中遇到的困难和麻烦等。

具体来看，"问题"这个概念主要包括以下5层基本意思：

（1）[Question; Issue; Problem]：要求回答或解答的。例句：这类问题不好答复。

（2）[Matters]：需要解决的矛盾、疑难。例句：他们争论的问题本来是微不足道的。

（3）[Trouble; Difficulty]：事故；麻烦。例句：他们那里老出问题。

（4）[Key]：关键；要点。例句：重要的问题在于学习。

（5）[Careless]：欠思考、不易被接受。例句：我觉得你这么回答，还是有点小问题。

从问题的释义来看，青少年在学习成长过程中主要面临的是 Question 这类问题，而成年人在生活中则会面临大量没有标准答案的 Problem、Matters、Trouble、Difficulty 等类型的问题。事实上，无论对于青少年还是成年人，无论问题是否存在标准答案，我们都需要先把这些问题提出来，然后开始思考问题的答案或解决方案。

我们为什么会提出这么多的问题呢？从本质上讲，当我们想要了解自身所处的环境或自身的真实状况的时候，我们就会提问，提问的对象可以是自己。这时候我们会在脑海中搜索相关经验以便回答这个问题，从而得出一个结论。但是，当我们自身积累的经验不足以回应并处理这个提问的时候，我们就要转而向外部发送这样一个问题请求，并希望能够得到外部的回应。

在互联网尚不发达的年代，这种向外部寻求答案的过程主要是通过向师友长辈咨询或者读书看报来完成的，但由于这些少数回答者自身的智慧和经验有限、读书看报也不能全面详细地解答所有的困惑，因此提问者未必能够得到全面、满意、有效的回答。而在今天，互联网技术实现了广阔世界里海量用户之间的广泛连接，有了问题，我们可以在网上获得更多样、更全面的回答，正如那句大家耳熟能详的知乎广告语"有问题，就会有答案！"。

3. 找答案，长见识，看热闹，聊兴趣

"有问题，就会有答案！"今天，以知乎为典型代表的社会化问答平台正在通过新技术、新思维、新方法为数以亿计的网络用户提供更加高效、更加可信的解答。

知乎

知乎是一家典型的社会化问答平台，能够连接各行各业的用户。用户分享着各自的知识、经验和见解，为互联网源源不断地提供多种

多样的信息。知乎平台创建的初衷是"让人们更好地分享知识、经验和见解，找到自己的解答。"事实上，知乎平台上大量有用、有质量的内容，不仅可以帮助他人，也会让创作者自己获益。

早期的知乎更像一个论坛，用户围绕着某一感兴趣的话题进行相关的讨论，同时可以关注兴趣一致的人。对于概念性的解释，网络百科几乎可以解决用户所有的疑问，但是对于用户发散思维的整合，却是知乎的一大特色。

今天的知乎，已经发展为以问答为特色，以平台为支撑，以工具属性、社区属性、媒体属性、服务属性和电商属性为特征的超级内容生态，并致力于面向各类主体提供丰富的用户价值和商业价值。

根据中国互联网络信息中心（CNNIC）发布的第47次《中国互联网络发展状况统计报告》数据显示，截至2020年12月，我国网民规模达9.89亿人，较2020年3月增长8540万人，互联网普及率达70.4%，较2020年3月提升5.9个百分点。其中，手机上网用户达到了9.86亿，接近10亿的互联网用户每天都在通过文字、图片、音频、视频等媒体形态为自己脑海中产生的各种问题寻找答案。在这些人中有50%以上的用户在各种网络平台或移动应用上有过提问的经历，有3亿以上的用户经常在专门的问答工具或问答平台上浏览内容或寻找答案。这其中大部分用户使用问答工具或问答平台的目的大致有如下几种：

（1）**找答案**。比如，怎样写小说大纲？在健身方面有哪些实用的知识和经验？河北师范大学心理健康教育专业好考吗？虽然这类问题没有标准答案，但是用户依然能够在社会化问答平台上找到自己相对比较满意的回答。

（2）**长见识**。比如，有哪些不经意拍出的惊艳照片？拥有稀有的姓氏是一种什么体验？现在的男生为什么不追女生了？"一刹那"究竟有多长时间？等等。用户可以在社会化问答平台上邂逅很多新奇的问题，涉足崭新的领域，了解那些自己从未想到过的冷门知识，从而开阔视野，增长见识。

（3）**看热闹**。比如，如何看待某中学通报男教师不雅视频事件：立即调离教学一线岗位，并责令其做出深刻检查？再比如，如何看待某大学在未提前通知的情况下将部分学生住的六人间宿舍改成七人间并拆除衣柜？等等。社会化问答平台已经成为用户们针对重点事件、热点事件的"吃瓜"重地，甚至在很大程度上成为引发全网热点的重要"基地"。

（4）**聊兴趣**。比如，电视剧《二十不惑》和《三十而已》，哪一部更吸引你？为什么？电影《星际穿越》究竟好在哪里？如何看待B站（哔哩哔哩）渐渐脱离二次元文化？等等。通过这些问题，用户能够跟多个与自己有相同兴趣的用户建立联系，并通过广泛的互动吸收更多知识、增长更多经验乃至建立更深层次交流的同好圈子。

> **重点信息**
>
> **中国互联网络发展状况统计报告**
>
> 《中国互联网络发展状况统计报告》的发布始于1997年11月，并形成每半年一次的报告发布机制，是由中国互联网络信息中心（CNNIC）发布的最权威的互联网发展数据的报告之一。详情可参考http://www.cnnic.net.cn/。

1.1.2 从社会化问答到社会化问答营销

1. 社会化媒体

在了解社会化问答之前，我们有必要了解一下社会化媒体。而要了解社会化媒体，就必须理解什么是社会化。

> **重点名词**
>
> **社会化**
>
> 社会化（socialization）是个体在特定的社会文化环境中，学习和掌握知识、技能、语言、规范、价值观等社会行为方式和人格特征，

适应社会并积极作用于社会、创造新文化的过程。它是人和社会相互作用的结果。通过社会化，个体学习社会中的标准、规范、价值观念和社会所期望的个体行为。个体的社会化是一种持续终身的过程。

事实上，社会化是个体走向社会公共生活、融入现实社会的起点。个体的社会化过程就是在社会文化的熏陶下，使自然人转变为社会人的过程。一方面，个体接受社会的影响，接受社会群体的信仰与价值观，学习生活、生产技能和行为规范，适应社会环境；另一方面，个体作用于社会，用自己的信仰、价值观和人格特征去影响他人与社会，改造旧文化，创造出适应时代需要的新文化。因此，对个体来说，社会化是一个适应社会的过程；对社会而言，社会化是一个约束和控制的过程。

在互联网出现之前，个体的社会化主要是通过人际社交实现的。但随着互联网的快速发展，在传统的人际社交之外，网络社交已经成为个体实现社会化过程的一种重要手段，于是就有了社会化媒体的概念。

重点名词

社会化媒体

社会化媒体一般指社交媒体，是人们彼此之间用来分享意见、见解、经验和观点的工具和平台。现阶段主要包括社交网站、微博、微信、问答社区、短视频应用等。

安东尼·梅菲尔德（Antony Mayfield）被认为是最早提出社会化媒体一词的人，2007年他在《什么是社会化媒体》一书中指出，社会化媒体是一系列在线媒体的总称，其主要特点是参与、公开、对话、社区化、连通性。中国人民大学的彭兰教授作为国内最早一批的新媒体研究学者，在她的《社会化媒体：理论与实践解析》一书中将社会化媒体定义为：互联网上基于用户社会关系的内容生产与交换平台。

关于社会化媒体，有两点需要强调：一是参与人数众多，二是参与者自发传播，缺少上述任何一点就不属于社会化媒体的范畴。社会化媒体的产生依赖的是万维网2.0（WEB2.0）的发展，如果网络不赋予用户更多的主动权，社会化媒体就失去了群众基础，失去了根基；如果没有技术支撑创造足够多的互动模式和互动产品，用户的需求就会被压制，无法得到满足。

2. 社会化问答及平台

在人类历史上，知识被认为是最宝贵的财富，它们以观点、见解、经验等方式存在。在过去，学习知识的仪式感很强，与当下互联网的平民精神和轻松风格似乎有些相悖，但随着互联网的快速发展，利用网络挖掘知识正在成为一种理性的尝试。

从谷歌、维基百科到百度，都是具有百科性质的产品，但这种产品形态过于结构化，提供的知识也似乎比较概念化，知识内容的个性化不足，缺少来自用户的见解性信息。而传统的一问一答形式虽然在个性化和见解性方面对于知识的梳理有所弥补，但其回答难免受制于个体知识储备、立场观点和人生阅历等因素而显得有失偏颇。

在这样的语境下，社会化问答作为一种全新的信息传递方式和网络互动形式快速发展起来。

社会化问答及平台

社会化问答是一个新兴词汇，它区别于传统的一问一答，是利用一个公共知识平台（互联网、媒体），从人类集体智慧产生的高质量经验中找到答案和解决问题的全新方式。

通过社交网络和问答形式，让更多的用户利用社会化问答平台进行交流、相互帮助、寻找价值，这就是社会化问答的精髓。

社会化问答平台是不同于各类百科和传统问答（一问一答）形式的、多元化用户参与的互动式问答平台，是一个公共知识平台，它的价值在于重建人与人、人与信息、信息与信息之间的关系。在社会化问答平台上,一位用户提出问题,所有用户都可以来回答这个问题。

社会化问答以社区形式来帮助用户解答疑惑或解决问题,实现了对隐性知识的即时搜索。问答服务将宽泛的词条扩展为明确的问题,通过用户的不断修正,实现了信息向知识的转化。

社会化问答平台通过话题、问题及多样化的问答来呈现最佳问题答案和最全面的相关知识,并通过信息类聚使用户之间建立社交关系。这是互联网领域的一个创新应用。

社会化问答平台的一个核心假设是:在某些时候,数量足够多的未知回答者们的汇总意见将等于或超过从传统渠道获取的可用信息总量。而以知乎为代表的社会化问答平台的快速发展及其用户规模的急剧扩大也证明了这一核心假设的成立。

3. 社会化问答营销

若要讨论社会化问答营销是什么,则必须要搞清楚市场营销是什么。

重点名词

市场营销

美国市场营销协会给市场营销的定义为:市场营销是创造、沟通与传送价值给顾客,以及经营顾客关系以便让组织与其利益关系人受益的一种组织功能与程序。菲利普·科特勒(Philip Kotler)对此做出的定义强调了营销的价值导向:市场营销是个人和集体通过创造并同他人交换产品和价值以满足需求和欲望的一种社会和管理过程。

市场营销的最终目标是满足需求和欲望。事实上,科特勒最重要的思想在于:企业本身就应该是一个营销组织。这意味着,营销并不单单是销售人员的工作,而是整个企业组织运营的核心。这就把营销的队伍扩展到了整个企业的层面。"企业必须积极地创造并滋养市场""优秀的企业满足需求,杰出的企业创造市场",这是科特勒最著名的论断,与管理大师德鲁克的思想交相辉映。

通过总结市场营销这个概念的两种定义,就会发现,营销并不仅仅局限于通过媒介渠道进行产品或品牌的推广宣传等具体环节,而是贯穿了企业发现用户痛点、沟通市场状况、传递产品价值、满足消费者需求的整个过程。

理解了市场营销的定义及其本质,也就能够顺理成章地理解"营销"+"社会化问答"的相关概念及其价值。

重点名词 　　　　　　　社会化问答营销

> 社会化问答营销就是利用社会化问答的方式达到企业发现用户痛点、沟通市场状况、传递产品价值、满足消费者需求等营销目的的过程。不同于其他营销手段,社会化问答营销由于其独具特色的问答形式,使得营销过程中的企业与用户之间的互动有了更具体的诉求、更具象的场景和更有效的转化。

但需要注意的是,社会化问答营销可以分为广义的社会化问答营销和狭义的社会化问答营销。前者是指企事业单位在社会化问答平台上展开的所有营销活动,如在移动应用上投放的开屏硬广也可以被认为是社会化问答营销,但事实上它只不过是传统硬广在社会化问答平台上的一种表现;后者则是主要聚焦于社会化问答过程中根据企事业单位与用户之间的互动场景展开的相关营销活动。相比较而言,后者才是社会化问答营销的精髓和精华所在。

本书所指的社会化问答营销是广义的概念,涉及了企事业单位在社会化问答营销平台上所展开的方方面面的营销活动,但同时,本书也将会把重点聚焦在狭义的社会化问答营销部分,详细探讨如何充分利用典型的社会化问答场景,更有创造性地展开个性化、精准化和实效化的营销活动。

1.2 社会化问答营销的历史阶段认知

1.2.1 社会化问答平台发展简史

整体来看,社会化问答平台的发展大致经历了如下几个阶段:

1. 起源阶段

虚拟社区最初是由瑞格尔德(Rheingole)于1993年提出的,用来表示"一群借由计算机网络彼此沟通的人们,他们彼此有某种程度的认识、分享某种程度的知识和信息、在很大程度上如同对待朋友般彼此关怀,从而形成的团体。"

鲁姆(Room)等人在2007年提出,虚拟社区是一群人通过互联网进行沟通与共享信息的社会现象。在虚拟社区中,用户在互动中产生的数据、信息、人际情感构成了一个知识分享平台。

自从韩国2002年推出专门的知识分享社区Knowledge-iN以来,各国的知识分享社区陆续出现。

2. 形成阶段

问答类社区的形成大致会经历以下三个阶段:数字参考服务(Digital Reference Service)、专家解答服务(Ask an Expert Service)和社会化问答服务（Social Q & A Service）。这三种服务有一个共同的特点，即它们都是通过网络进行问题解答，它们之间的不同之处在于互动主体逐渐由单一化走向多元化。

社会化问答类社区的出现代替了传统的一对一问答服务形式，更注重系统中的用户互动。提问者提出问题向他人求助，回答者自愿贡献自己的知识做出解答，有问有答的互动形式将两者联系起来，其他用户对已有的内容可以根据自己的知识和经验进行评价。

由此可以看出，社会化问答平台中的用户既是信息的提供者，又是信息的消费者，他们在互动的同时可以更迅速、更可靠地获取信息和知识。

社会化问答平台以其交互性、共享性、知识性、社交性等特点，成为目前问答社区的主要形式。

3. 进化阶段

新产品的推广和扩散是一个持续的、有计划的过程，也是一个产品本身不断实现进化的过程。在进化的过程中，社会化问答平台重点要解决的是两方面的问题：一方面是如何为用户提供更优质的信息和知识，另一方面则是如何优化用户体验和激励机制。

社会化问答平台能够提供更优质的信息、知识乃至智慧服务，例如谷歌的知识服务从"信息聚合"到"信息梳理"再到"辅助决策"的角色转变，其核心目标是针对问题提供更有价值的答案，而不仅仅是给出一大堆搜索结果。从中也可以看出搜索技术的社会化发展方向，互动问答和搜索引擎的结合，为用户带来了全新的搜索体验。对企业开展营销活动而言，这种新型搜索的魅力在于：当用户发布或回答问题时，企业会展示更多与自身业务高度相关的信息，并创建一系列相关的讨论，从而使之具备一定的营销功能。对用户而言，强大的搜索技术不仅使其可以得到具体问题的最优答案，而且可以深入挖掘与这些问题和回答相关的其他网络用户的价值，与他们建立联系，共同成长。

在优化用户体验和激励机制方面,有效的激励机制不仅能吸引用户参与,增加社会化问答平台的用户流量,而且能提高用户的黏性。目前,社会化问答平台主要的激励机制可以分成三种方式:荣誉激励、情感激励和利益激励。荣誉激励包括个人展示差异化和特权差异化,例如平台对用户进行评估、划分用户等级等;情感激励包括好友关系和专业头衔,例如好友之间可以互相看到对方回答的问题;利益激励主要表现为给予用户现实的经济回报。对于社会化问答平台而言,它既需要不断吸引新的用户形成增量,也要留住现有用户活跃存量,这就需要平台不断推出新的用户激励机制,促进自身的良性发展。

案 例

知乎进化的三个阶段

作为典型的社会化问答平台的知乎,其发展过程经历了三个不同阶段,在每个阶段表现出不同的特点,宏观来看这几个阶段又连接成一个整体的进化和升级过程。

第一阶段:封闭测试。2011年1月,知乎进入市场。它采取一种严格的"邀请+认证"模式,以发放邀请码、申请审核等方式控制用户的质量和数量,保障了高水平的知识社区分享环境。在这一阶段,只有少部分人被邀请进入知乎社区,此时的知识交流活动是小范围的,问答更多的是各个社会群体内部的专业化讨论,此时用户的参与度、活跃度比较稳定。这部分早期使用者对创新的态度比较积极,愿意率先采纳创新,他们是公众的意见领袖、是知乎的影响力扩散的基础。为了让核心用户有良好的服务体验而限制一般用户进入社区,虽在一定程度上树立了优越的社区形象,但同时也抑制了知乎影响力的扩散。随着时间的推移,封闭模式下的新用户、新话题增长速度明显放缓,截至2012年年末,知乎的个人注册用户规模仅仅增长到40万左右。

第二阶段：开放注册。2013 年 4 月，知乎开放个人用户注册，任何网民都可以注册使用知乎，而且不强制实名认证。在这一阶段，知乎在前两年里累积的核心用户，对各自所处群体的成员进行了有意识或无意识的影响，这些潜移默化的影响促使后来者学习模仿他们并主动使用知乎，知乎的影响力的扩散终于迎来了起飞阶段。2013 年的知乎用户规模比 2012 年年末高出十倍。之后，知乎一路高歌猛进，先后推出了知乎日报、盐 Club、值乎等产品，有计划地引导其用户参与知识互动和分享，知乎进入蓬勃发展的成长期。

第三阶段：开放机构号。2017 年 9 月，知乎官方公布平台个人注册用户破亿，同时开放机构号入驻。知乎的创始人兼首席执行官周源表示，用户数超过一亿是知乎从知识社区走向知识平台的标志；而开放机构号这件事，同四年前一样，对知乎的长久发展具有战略性意义。其实，机构账号功能早在 2016 年就存在了，只是当时的审查十分严格，邀请入驻几乎是唯一的通道。但是，最早被邀请进入知乎的机构号几乎覆盖了用户生活的全部领域，量少而精，这与知乎早期积累用户基础的严谨踏实的作风有着异曲同工之妙。知乎开放机构入驻后，用户可以直接与品牌对接，品牌也可以通过展现自己的品牌文化，加强与用户的联系。此后，知乎的发展进入了一个全新阶段……

1.2.2　社会化问答营销的演变

1. 社会化问答营销 1.0 时代（内容 - 营销）

社会化问答营销 1.0 时代是一个内容与营销相互独立、相互隔离的阶段。此时的社会化问答工具处于市场导入期，团队将主要精力放在社区内容的创造和发展方面，希望借此吸引更多的用户群体，以实现较快的发展。

因此，此时的社会化问答内容生态中，不仅严格限制营销行为的出现，甚至在一定程度上为了保障良好的用户体验，还会再展开"去营销化"的一系列行为。例如，早期的知乎就严格限制社区中的营销行为。类似的，视频网站 B 站在发展早期也是坚决不在任何视频前面投放贴片广告的。

这时候的社会化问答营销功能依然停留在社区属性和工具属性阶段，并没有真正有组织、有计划、有目的地导入营销要素和营销活动。

2. 社会化问答营销 2.0 时代（内容 + 营销）

社会化问答营销 2.0 时代是社会化问答平台开始有组织、有计划、有目的地激活自身营销价值和营销属性的阶段。此时平台本身具有了一定的用户规模，开始着手通过导入营销要素进行商业价值的变现。与此同时，市场中的大量企业主体也希望自身的产品与品牌能够在社会化问答的场景下触达目标用户群体。因此，这一阶段社会化问答营销的主要表现为平台内容与营销需求之间的相加与相融。

此时，无论是平台自身还是营销主体，由于尚未完全挖掘出社会化问答平台与其他营销载体之间的巨大差异，因此，尽管各利益相关者方都在努力尝试开发一种全新的营销模式，但在内容与营销的融合发展过程中依然保留了大量的传统营销思维和操作手法，例如投放简单的开屏硬广、千篇一律的营销软文等。这一方面源于营销者只是单纯地把社会化问答营销看作与其他营销方式并无本质区别的一种选项，另一方面也在于社会化问答平台尚未提供更具吸引力的内容与赋能营销的工具。

3. 社会化问答营销 3.0 时代（内容 × 营销）

社会化问答营销 3.0 时代是内容与营销真正在具体的社会化问答场景中相互赋能从而发挥其乘数效应的阶段。在这个阶段，个性化问答内容的大规模生产与智能化营销信息的精准化匹配互为前提，形成了社会化问答营销生态持续进化的双轮驱动力，真正实现了"内容即广告、广告即内容"的有机融合乃至达到内容和营销不可分割的状态。

> **案例**

知乎的营销阶段演进

作为典型的社会化问答平台,知乎平台对自身营销价值的发掘,也大致经历了这样一个"忽视营销价值——挖掘营销价值——放大营销价值"的阶段变化。事实上,从2017年知乎开放机构号注册并进行商业化探索至今,知乎营销也已经从市场自发利用阶段过渡到了平台自觉完善营销功能的阶段。目前,知乎正在从社会化问答营销的2.0阶段向3.0阶段迈进,如图1-1所示。

知乎:以社区为起点,持续扩容,覆盖全维用户场景

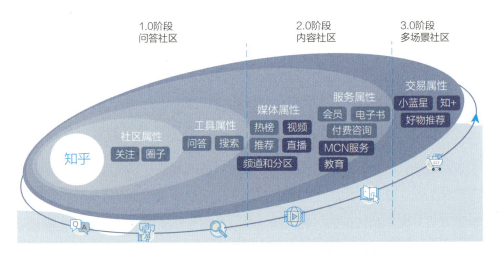

图1-1 知乎营销阶段的演进过程图

1.3 社会化问答营销的现状认知

1.3.1 社会化问答营销的市场状况

1. 规模扩张

早期的社会化问答平台主要将目标用户锁定为知识精英和职场精英等群体。但随着互联网的快速发展，社会化问答平台也开始将目标用户向更广泛的群体扩展。

据中国互联网络信息中心（CNNIC）数据显示，截至2020年12月，在中国网民的学历结构中，初中及以下占比为59.6%，占据一半以上，而大学本科及以上则只占9.3%。在中国所有的网民中，月收入3000元以下的占比51.1%。"初中及以下占据一半以上、月收入3000元及以下占据一半以上"，有人将这两组数据称为中国网民结构的"双一半现实"。目前，有些社会化问答平台已经开始将目标用户群体下沉到这部分群体当中。

> **案例**
>
> **头条问答**
>
> 不同于那些把社会化问答用户群体聚焦在"五环内人群"[一]的平台，头条问答一开始就把自身定位为一种门槛更低的内容问答平台。众所

[一] 五环内人群，这里指中高端消费人群。

周知,带着问题找答案能激发人们独有的好奇心,问题本身就能引发兴趣,对于下沉用户而言,"体验盈余"是比"认知盈余"更加接地气的内容,一位小镇青年也许不会去看三体问题背后的物理原理,但他有极大概率去关注"10万块钱的存款怎么能在县城买套房?"这个问题。淘宝的商品评论之所以重要,是因为它出自每一个真实购买的用户之手,而问答用户的答案就是一个社会维度的淘宝评论,只是用户们评论的不是商品,而是生活。

2. 市场扩大

随着社会化问答平台的出现,这种兴起于特定群体的新型信息获取方式正迅速崛起,成为继搜索引擎和社交导引之后网民获取信息的全新力量。在社会化问答平台中,营销的内容精准性、品牌专业性、用户互动性等特点可以发挥出极大优势,达到提升用户认知和优化品牌形象的双赢效果。这时,越来越多的企业开始利用社会化问答平台来开展营销活动。

广告轰炸这一传统的营销方式已经被用户所排斥,互联网内容从门户时代的宽泛覆盖转向当前的精准投放,内容产品架构从注重"面"到注重"点",都给社会化问答营销的发展带来了新的机会。社会化问答平台通过"提问+解答"的机制,有效解决了认知盈余语境下用户的选择问题及品牌的精准投放问题。

知乎机构号

2017年9月知乎开始开放企业机构号注册,企业通过注册机构账号在知乎平台上回答有关旗下产品和相关服务的各类问题。目前已有4万余家知名品牌加入知乎问答开通机构号,在知乎上选择相关话题和类目进行内容营销。

1.3.2 社会化问答营销的主要形式

按照广义的社会化问答营销概念,在社会化问答平台上开展的主要营销方式有开屏广告、首页推荐、热榜内容、信息流等多种,如图1-2所示。

图1-2 社会化问答平台上的主要营销方式

其中开屏广告、信息流、首页浮层、首页焦点图等多种营销方式在各类移动应用中都较为常见。

而那些结合了具体问题、回答或专栏文章的营销方式才更接近于狭义的社会化问答营销概念,如知乎的超级首映、首页浮层、下拉刷新/二楼、首页焦点图、热榜/走马灯、大图/视频信息流等。事实上,这种营销方式恰恰是社会化问答营销与其他营销的根本差异所在,同时也是社会化问答营销市场增长潜力最大的部分。本书后面会详细探讨各种社会化营销方式的具体操作方法。

1.3.3 社会化问答营销的关键特征

1. 内容更可信

在社会化问答平台兴起之初,其严谨、理性的"精英化"社区氛围以及高质量的问答内容,使其成为互联网用户获取经验、信息、知识的重要途径,并备受追捧。基于人与信息的关系建立起来的社会化问答服务模式,问答的数量和质量是其发展的核心。正因如此,社会化问答平台上的内容与其他社交媒体上的内容相比起来，除了具备信息属性之外，还具备更高价值的知识属性乃至智慧属性，因而也就有了更高的可信性。

武汉大学李宇翔等人在研究社会化问答答案质量体系的时候构建了一个非常完善的指标体系，如表1-1所示。尽管这并不意味着社会化问答平台上每一个答案的质量都能够在这些指标方面获得高分，但该体系侧面反映了用户在阅读答案时的心理期待。

表1-1　社会化问答答案质量体系

维度	指标	指标说明
内容维度	准确性	答案内容的准确程度
	完整性	答案内容的全面性，包含了与问题相关内容的程度
	相关性	答案是否贴近所提问题的主题，内容相关不跑题
	客观性	答案客观、合理的程度，在科学性和逻辑性上的体现
认知维度	易读性	答案是否表达流畅，容易读懂
	简明性	答案是否用词简洁，意思明确
	新奇性	答案是否提供了新颖的想法、内容，让人眼前一亮
时效维度	效用性	答案能否有效地解决问题，可行性强
	及时性	答案的响应速度，即是否及时迅速提供所需内容
回答来源维度	可证实性	答案中是否包含相关链接及参考内容以供验证或进一步拓展
	礼貌性	答案内容是否文明礼貌，体现回答者对他人的尊重
	努力程度	答案体现出的回答者的努力认真程度和回答者的诚恳度
	情感支持程度	答案能否给人以精神上的鼓励、安慰、支持

2. 形态更多元

早期的社会化问答形态以文字、图文等形式为主。随着技术的快速发展和用户需求的不断提高，社会化问答平台也在不断丰富自身的内容形态，纷纷在音频、视频、直播等内容形态方面加大了投入力度。可以预期，几年之后社会化问答平台将利用全新的VR（虚拟现实）技术来丰富自身的内容形态。

知乎 Live（直播）

知乎 Live 是知乎推出的实时问答互动产品。答主可以创建一个 Live，它会出现在关注者的信息流中。用户点击并支付费用（由答主设定）后，就能进入沟通群内，答主可通过语音分享专业有趣的信息，用户可以与答主即时互动，提高信息交流效率。

3. 流通更广泛

社会化问答平台上的提问与回答，不仅只沉淀在平台内，还有很多有价值、有趣味、有影响力的回答以各种各样的方式在全网流通着，比如微信朋友圈经常传播诸如"知乎上最热门的 100 本书""知乎上关于减肥的 10 个冷知识"等公众号文章。

除此之外，社会化问答平台上的内容由于具有较强的知识属性，也会被百度等搜索引擎赋予较高的权重，从而使得广大互联网用户在使用搜索引擎查询具体问题的时候，也会被导流到社会化问答平台。这个过程如图 1-3 所示，在知乎站内有"知乎搜索""知乎超级话题"等功能作为流通渠道，在此基础上，在站外社会化问答也有多种流通渠道。最直接的方式是在线上可以通过登录

图 1-3　社会化问答内容的广泛流通渠道

微信小程序里的知乎查看社会化问答的内容,还可以通过微信搜索、百度搜索等搜索引擎查阅知乎社会化问答的内容。此外,广告主进行的线上线下的广告投放、线下活动落地、产品包装物料等都有可能成为社会化问答内容的传播载体,助力其流通传播。

4. 传播更持久

除了占一定比例的热点话题之外,社会化问答平台上的大量问答内容都具有较高的知识属性和较明确的具体场景,因而这些内容不但不会随着时间的流逝而贬值,恰恰相反,有些内容还可能随着时间的沉淀而成为排名更加靠前的高价值内容,从而具备了长期流通性。一篇好的内容可以因为其超长待机、持久霸屏的能力而持续影响消费者,如图 1-4 所示。

案例:**普适性**内容,在知乎长期沉淀,持续获得精准流量,持续获得转化

图 1-4　知乎上的高质量回答会被反复激活并持续贡献阅读流量

1.3.4　社会化问答营销的基本价值

1. 从"消费内容"到"内容消费"

传统的大众媒介与用户的消费渠道是相互分离的,因此用户的媒介消费主要停留在消费媒介承载的图文、音频、视频等内容产品层面;但在今天,

新兴的社会化问答平台本身兼容了媒介属性和电商属性，因而使得用户可以边阅读种草（接受他人的推荐，产生购买欲望）问答内容边点击下单购买，从而实现了在消费内容产品的同时，进一步消费与内容相关联的其他产品。

2. 打通服务链路

社会化问答平台可以进一步打通从内容资讯到内容服务的链路，如图 1-5 所示，需要注意的是，这里的内容服务是基于内容而衍生出来的相关服务。例如，用户可以在社会化问答平台上获取某优质创作者回答的垂直领域的内容，那么进一步的，阅读了这篇回答的用户就是非常精准的潜在知识付费用户，他可能会在某种

图 1-5　打通服务链路

营销活动的触发下产生相应的消费行为；再比如，通过社会化问答平台了解某款轿车的用户，可以在阅读某篇具体的回答之后，点击预约试驾而被导流到汽车 4S 店。

3. 缩短用户决策链条，提升转化

社会化问答平台上的营销过程是一个典型的"种草—决策—购买"过程，在这个过程中，社会化问答平台本身既承担了种草的角色，同时又扮演了催化决策的参考指南角色和向购买平台导流的渠道角色。用户在种草某款产品之后不需要跳转到搜索引擎或电商平台查询产品评价，而是可以直接在社会化问答平台站内搜索相关问题或产品信息，从而进一步确认自己的购买意向，直至点击相关链接完成跳转并实现最终转化。这也就意味着用户从关注产品到购买的决策链条在一定程度上被社会化问答平台缩短了，如图 1-6 所示。

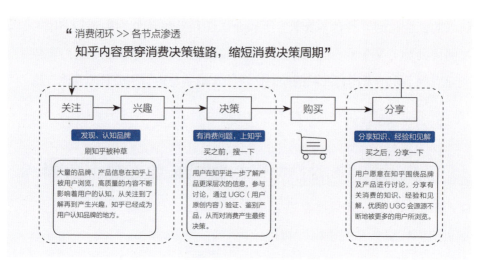

图 1-6　社会化问答营销的"种草—决策—购买"链路

4. 积累品牌资产，形成社交货币

在社会化问答平台上，与企业相关联的所有历史故事、发展脉络、产品知识、购买攻略、实用技巧等内容都可以问答的方式呈现在用户面前，它们彼此相互独立又相互关联，最终沉淀为组织或机构的品牌知识图谱乃至内容资产。更重要的是，这些内容资产不同于企业官方梳理出来的结构化的内容，其以无边界和去中心化等特征，更容易成为品牌和用户之间进行深度互动的社交货币。

实训作业

1. 结合日常生活与学习中遇到的现实问题，思考提出这些问题的具体场景，并去知乎上提问，或在上面找到与你的提问相似的问题。
2. 在知乎网站或应用程序（APP）的推荐板块找出10个问题，并分析这些问题分别对应找答案、长见识、看热闹或聊兴趣的哪一类主要需求。
3. 除了知乎，还有哪些问答平台，尝试列出2~3个，并比较它们与知乎之间的异同。

第 2 章
理解社会化问答营销的作用机制

任务描述

社会化问答营销的作用机制,与其他营销方式比较起来,既有共通的地方,也有差异性。在营销过程中,想要用好社会化问答营销这一工具,发挥其独特的传播和营销价值,就必须非常清晰地把握它与其他营销方式的异同及相应的价值,并在此基础上,明确社会化问答营销在企业整体营销战略中的地位、作用和投入力度。作为新媒体、市场营销等相关专业的学生和从业者,可以通过完成本任务,进一步加深对市场营销机制及社会化问答营销机制的了解,掌握影响社会化问答营销发挥作用的关键要素,最终在使用社会化问答营销工具展开营销活动的过程中,将其作用最大化、最优化地发挥出来。

学习目标

知识目标

了解市场营销的作用机制。

掌握社会化问答营销的作用机制。

了解社会化问答营销在企业整体营销战略中的地位和作用。

能力目标

能够切实理解并把握营销活动对于企业的价值。（能够切实掌握社会化问答营销的作用机制）

能够对社会化问答营销作用机制进行拆解并分析。

能够组合使用社会化问答营销和其他营销方式。

任务导入

社会化问答营销方式作为诸多营销方式中的一种，与其他营销方式之间，既存在许多共性，也存在较多的差异性。实现对这种共性和差异性的精准把握，不仅有利于我们在实践过程中发挥各种营销方式的优势，更有利于我们发挥社会化问答营销方式的真正作用和价值。如果你希望全面了解社会化问答营销发挥作用的具体机制，那么请认真完成本任务，对社会化问答营销的基本前提假设、重要变量因素、核心运行逻辑和整合营销策略等形成全面的了解，从而为日后熟练运用社会化问答营销做好理论准备。

任务解析

根据社会化问答营销活动的基本顺序和职业教育学习的基本规律，"理解社会化问答营销的作用机制"这一任务可以分解为以下三个子任务：

（1）了解营销的作用机制。

（2）理解社会化问答营销的作用机制。

（3）能够组合运用社会化问答营销和其他营销方式。

2.1 了解营销的作用机制

在第一章中我们曾经提到过市场营销的概念，但仅仅理解什么是市场营销还不足以指导我们的营销活动朝着正确的方向发展。对于营销，我们不仅需要知其然，还需要知其所以然。了解营销作用机制的过程，就是一个知其所以然的过程。这个所以然包括很多具体的问题，比如，营销信息是如何触达用户的，用户在接收到营销信息之后产生了哪些认知或者行为上的变化，是什么因素促使用户购买了某一产品，用户在使用产品之后的评价是正面还是负面……这一系列问题都是营销作用机制中非常关键的问题，需要我们在学习过程中仔细思考、积极探讨。

2.1.1 营销漏斗

营销漏斗模型

营销漏斗模型指的是营销过程中，将非用户（或潜在客户）逐步变为用户（或客户）的转化模型，由于这个模型在视觉上与我们日常生活中所使用的漏斗非常相似，因此营销领域形象地将其称为营销漏斗模型，如图 2-1 所示，它直观地向我们呈现了从营销信息触达用户到用户完成购买行为的整个营销过程。

图 2-1 营销漏斗模型示意图

（1）**营销漏斗模型的关键要素**：初始人群规模、营销环节以及相邻环节的转化率。其中，初始人群规模的大小和转化率直接影响最后达成购买行为的用户数量，营销环节则体现出用户从注意到产品再购买的过程中经历了哪些转变。

（2）**营销漏斗模型的价值**：将营销过程中各个环节的效率进行量化，帮助经营者找到薄弱环节。通过完善这些薄弱环节，进而有利于优化营销活动、提升营销效率和投资回报率（ROI）。

（3）**营销漏斗模型的基本目标**：营销领域并不存在一个放之四海皆准的通用漏斗模型，各种营销模式或各类媒体营销之间的分漏斗模型也各不相同，但其最终结果一般是相同的，就是达到用户购买或消费的目的。

（4）**营销漏斗模型的重点问题**：想要清晰地将营销漏斗呈现出来，最关键的问题就在于量化。只有客观的数据才能反映各环节之间的转化率，从而确定衡量营销活动成功与否的客观标准。大部分互联网营销和移动互联网营销活动的漏斗模型构建较为容易，但还有很多营销方式的漏斗模型由于无法量化和标准化而显得较为复杂。

转化率

转化率指在一个统计周期内,完成转化行为的次数占推广信息总点击(浏览/观看)次数的比率。计算公式为:转化率=(转化次数/点击量)×100%。

例如:10名用户看到某个搜索引擎的推广,其中5名用户点击了某一推广结果并被跳转到目标URL(网络地址)上,之后,其中两名用户有了后续转化的行为。那么,这条推广的转化率就是(2/5)×100%=40%。

转化率是衡量营销活动是否成功的重要量化指标,也是营销机构、媒介向广告主争取营销预算的重要抓手。同时,转化率的表现也直接影响了营销漏斗的形状,如图2-2所示,营销活动中的各个环节在左图的情形与右图相比,其各环节转化率明显较高。通过营销漏斗模型,我们可以较为直观地评价营销效果的好坏。

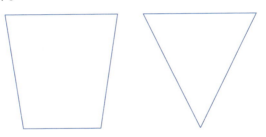

图2-2 转化率对营销漏斗形状的影响

2.1.2 营销效果

营销效果主要指营销活动为品牌塑造和商品销售所带来的正向促进作用。在品牌方面,营销效果包含了知名度、美誉度、忠诚度等多项指标;在销售方面,营销效果包含了点击量、下载量、转发量、购买量等多项指标。

对于品牌效果而言,过去人们主要依靠抽样调查获得的数据来测量营销效果,今天我们则可以通过大数据分析的方式来获取某一网站或全网对于某一品牌的正面或负面评价指标;对于销售效果而言,如今大部分互联网公司都具备统计营销活动在短期内所带来的销售效果的能力。

正是因为营销效果中包含了品牌效果和销售效果两种主要的衡量指标类型,且二者在考察营销效果时的侧重点也存在一定差异,所以广告主在投放广告的过程中经常把品牌广告与效果广告进行区别对待。

重点名词

品牌广告与效果广告

品牌广告(Brand Advertising)与效果广告(Performance-based Advertising)是两个相互对应的概念。二者并不是相互替代、反而是相互补充与相互促进的关系,它们各有侧重,在 AIDMA(Attention—Interest—Desire—Memory—Action)消费决策流程的不同阶段对消费者产生不同的影响。

(1)**品牌广告**:品牌广告很大程度上会引起消费者的注意和兴趣,往往被人称为"注意力经济"。它主要通过投入大量资金来打造那些引起受众注意并形成记忆的高品质形象广告,从而达到树立品牌形象的目的。这种广告类型是非数字化媒体时代的重要广告形式,它与消费者产生实际购买行为存在较大的时间和空间距离,广告所产生的实际销售效果无法精确衡量。因此,广告主更希望借助大众传播媒体的强大影响力和高覆盖范围实现广泛快速的触达,扩大品牌知名度和影响力,进而扩大中长期的销售规模。

(2)**效果广告**:与品牌广告不同的是,效果广告能引起消费者的购买欲望并促使这种欲望转化成购买行为,通常被称为"欲望经济"。其侧重点在于借助广告迅速实现实际销售额增加和利润增长的效果,或者引发消费者的其他实际行为。出于这种对短期效果的追求,效果广告的投放者希望能以最低的成本和最精准的定位触达目标消费者,这就要求广告主或传播媒介能够精准地找到目标消费者。

所以,在营销活动中我们需要理解营销效果和效果营销、广告效果和效果广告这两组不同的概念。通常情况下,按照CPT(按展示时间付费)或CPM(按千次曝光付费)等方式进行结算的广告营销活动,更倾向于达成良好的品牌效果;按照CPC(按点击付费)、CPS(按销售付费)或CPA(按行为付费)等方式进行结算的广告营销活动,更倾向于达成良好的销售效果。

事实上,广告主通常会在营销组合与广告传播过程中综合运用品牌广告与效果广告,从而实现利润最大化的根本目的。也就是说,尽管品牌广告和效果广告被分别对待,各自独立,但是,随着移动互联网的快速发展极大地缩短了用户从注意、感兴趣到有欲望、行动的时间、空间距离,也将品牌广告与效果广告之间的距离进一步压缩。很多时候,同一则广告既可以实现品牌广告的功能,又可以产生实际消费行为的效果。

因此,市场上出现了品效合一、品效融合的营销目标。总的来看,这是一种更高阶段的营销理想,在现有的营销格局和效果衡量体系下仍然存在一定的实现难度。

> **重点名词**
>
> **被浪费了的那一半广告费用去哪儿了?**
>
> 约翰·沃纳梅克(John Wanamaker)曾经说过一句经典的名言,这句话直到今天还影响着广告营销领域。他说:"我知道在广告上的投资有一半是浪费了的,但问题是我不知道是哪一半。"这句话被奉为至理名言,堪称广告营销界的"哥德巴赫猜想"。

事实上,仔细分析沃纳梅克所说的这句话,就会发现这句话是有一个前提条件的,那就是——从短期内的销售效果来看,用户的广告投资在很大程度上并没有带来较为可观的直接销售转化,如图2-3的红色漏斗所示,因此其觉得有一半的广告费用是浪费了的。

但从长期的品牌效果来看，这些没有在短期内产生购买行为的用户，有可能在三年后产生购买行为，有可能虽然自己没有购买但形成了品牌认同感并促使其他用户产生了购买行为等，如图2-3的蓝色漏斗所示。因此，一场营销活动或广告投放，其营销漏斗模型从长期视角和短期视角来看，其形状是存在较大差异的。

图2-3 营销活动的长期效果（蓝色漏斗）和短期效果（中间漏斗）

也就是说，从长远来看企业投资所打造的各项营销活动都会或快或慢、或明显或不明显地形成某种转化，广告费用并没有被浪费掉一半，而是因为那一半没有在短期的效果衡量指标中表现出来。这就是广告大师大卫·奥格威（David Ogilvy）坚持主张企业应该树立品牌形象的根本原因。

重点名词

品牌形象论

品牌形象论（Brand Image）是大卫·奥格威在20世纪60年代中期提出的营销观念，他认为消费者购买的不只是产品，还包括产品所承诺的物质和心理的利益，在广告中诉说的与产品有关的所有事项，对购买决策的影响经常比产品实际拥有的功能属性更为重要，因此，每一则广告都应是对整个品牌的长期投资。

综合来看，品牌形象论有如下几个基本要点：

（1）为塑造品牌而服务是广告最主要的目标，广告就是要力图使品牌具有品牌形象，并且维持在较高的知名度；

（2）任何一个广告都是对品牌的长期投资，广告应该尽力去维护一个好的品牌形象，甚至不惜牺牲实现短期效益的诉求重点；

（3）随着同类产品的差异性减小，品牌之间的差异性增大，消费者选择品牌时所运用的理性将会减少，因此描绘品牌的形象要比强调产品的具体功能重要得多；

（4）消费者购买产品时追求的是"实质利益＋心理利益"，对某些消费群体来说，广告尤其应该重视运用形象来满足消费者的心理需求。

事实上，正是在品牌形象的长期投资和营销活动的长线转化过程中，品牌才逐渐沉淀为企业的一种无形资产。它除了本身具有经济价值（可以估值）之外，还可以为企业带来稳定的超额收益，是企业创造经济价值过程中不可缺少的一种无形资产。

可口可乐的品牌资产

可口可乐公司是全球最大的软饮料公司之一。从1886年诞生到现在已经有130多年的历史。正如可口可乐总裁所说："即使全世界的可口可乐工厂一夜之间被烧毁，凭借可口可乐这个商标也可以在第二天让所有工厂得以重新建立，并在几个月内重新获得投资，东山再起。这就是商标赋予可口可乐品牌的巨大能量。"

2.1.3 流量

事实上，所有企业的营销活动都试图在长期的品牌效果与短期的销售效果之间寻找某种平衡，但与此同时，几乎所有企业都发现在同一场营销活动中兼顾这两者是非常困难的。

简单来讲，当前的营销领域已经分成两个流派：品牌流和效果流。

品牌流：以传统媒体或者广告公司、公关公司为主，偏重品牌带动增长的营销方式。大部分品牌营销是通过经营品牌内容带来的长期性关注和记忆，为企业和品牌带来更高的美誉度和忠诚度，从而创造销量。但品牌广告和销售的直接关联度不强，无法直接归因。

效果流，是互联网时代的产物。从传统互联网到移动互联网，从 PC 端到移动端，通过数字精准投放的形式，以效果为导向来做营销。很多新兴概念的出现，如早期的 SEM（搜索引擎营销）、SEO（搜索引擎优化）以及这些年兴起的 DSP（需求方平台）、Feeds（信息流广告）、增长黑客等都是效果流的具体表现。

重点名词

品效合一

关于品效合一的讨论有两种观点，一种认为品效合一是个伪命题，代表人物有《计算广告》的作者刘鹏；另一种观点认为品效合一是可以实现的，代表人物有《流量池》的作者杨飞。

刘鹏老师在接受采访的时候提出：

我认为品效合一是伪命题。

效果广告是短期转化，客户敏感的地方在于销量的多少，我能不能活下去，属于典型的中小客户诉求。

品牌客户要什么呢？要的是通过宣传逻辑，将一个完全竞争商品变成一个垄断竞争商品，那么这时候通过控制销量是可以获得利润的。

品牌广告在于拉升毛利率，效果广告在拉升销量的同时往往会降低毛利率，两者的方向其实是背道而驰的。

杨飞老师在他的《流量池》中说道：

在多年的营销工作中，我深刻地感受到两点：
- 企业营销不仅要品牌，更需要效果。
- 在移动互联网上做营销，必须追求品效合一。

什么叫品效合一？品效合一就是企业在做营销的时候，既要看到品牌的声量，又要看到效果的销量。产品既要带动品牌声誉的提升，同时品牌推广本身也要有销量增长。

这个观点并不新颖，业内很多同行也一直在说，但在实际执行中却很难给出系统方法论和衡量标准。

相对于更普遍的传统营销思路，针对"品效合一"几个字，我会更强调效果的转化。尤其在移动端，因为交易链条更短，线上支付便捷，也让品效合一成为可能。

品牌性营销，应尽量做好"最后一米"的销售效果，不能只是赔本赚吆喝、叫好不叫座。品效合一的营销思路，只有应用在企业的流量布局和运营中，才能快速破局，避免浪费。

认真分析两位作者的观点，不难看出，他们所关注的点各有侧重。刘鹏老师关注的重点在于中小企业更在意短期的销售效果，大型企业更在意长期的品牌效果；杨飞老师的关注点在于，无论什么企业，尽管它们对长期效果或短期效果各有侧重，但在当前的移动互联网语境下，还是可以努力去兼顾两者的效果，从而在一定程度上实现品效合一这一理想的营销状态。

事实上，尽管中小企业更看重效果，但它们也在尝试通过产品品质、售后服务、用户口碑等多种方式沉淀自身的品牌资产；尽管大中型企业更看重品牌对销售带来的长期促进作用，但企业的利润终归是要建立在短期的月度、季度和年度销售量以及销售额的基础之上的。的确，企业在成长的不同阶段会对销售效果和品牌效果各有侧重，这是因为过去的企业预算和媒介传播无法同时支撑这两类效果兼容在同一场营销活动中。

但杨飞老师在《流量池》一书中提出了一套他认为行之有效的方法论：

通过摸索实践，我和团队总结出一套"急功近利"的营销理论：流量池方法。

流量思维和流量池思维是两个概念：流量思维是指获取流量，实现流量变现；流量池思维是要获取流量，通过流量的存续运营，再获得更多的流量。

所以流量思维和流量池思维最大的区别就是流量获取之后的后续行为，流量池思维更强调如何用一批用户找到更多新的用户。

对于创业者来说，营销范畴的"急功近利"并不是一个贬义词。

- "急功"，是要快速建立品牌，打响知名度，切入市场，获得流量。
- "近利"，是在获得流量的同时，快速转化成销量，带来实际的效果。

尤其是在移动互联网的下半场，流量资源抢夺越发激烈。很多企业和产品还没有获得成为品牌的机会，就葬送在大环境中，企业可能没有那么长的时间做品牌积累，却迫切希望自己先成为名牌，在"急功近利"的同时完成品牌建立和达成销量，这样的营销理论才是当下更实用的方法。

如图2-4所示，当我们认真比较流量思维和流量池思维之后就会发现，前者是大众传播时代和早期互联网媒体时代惯用的典型营销策略，整体比较粗放。但到了移动互联网时代，随着流量红利的消失、"人-货-场"关系的重构以及企业对营销效果的追求越来越趋于量化，营销活动越来越重视对"人"的价值展开深度挖掘和精耕细作，于是就有了流量池思维，即对私域流量进行开发和运营，并发挥私域用户的连接能力和传播能力，从而形成倒置的全新的营销漏斗模型。

图2-4 流量思维（左）与流量池思维（右）

2.2 理解社会化问答营销的作用机制

2.2.1 社会化问答营销与传统广告营销的区别

1. 广告营销的有效性模型

刘鹏老师在《计算广告》一书中提出了广告营销的有效性模型，如图 2-5 所示，这一模型与 AIDMA 模型和 AISAS 模型在本质上是一致的，它向我们展示了营销漏斗的主要环节以及在相应环节消费者所发生的态度变化。

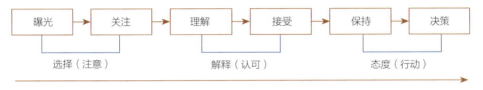

图 2-5 广告营销的有效性模型

广告从产生到用户接收经历了一定的阶段，这就构成了广告营销的有效性模型。该有效性模型把广告的信息接收过程分为选择（注意）、解释（认可）与态度（行动）三个大阶段，或者进一步分解为曝光、关注、理解、接受、保持与决策六个子阶段。

曝光阶段。这一阶段是广告在物理上展现出来的过程，此阶段的有效程度往往与广告位的物理属性有关，并没有太多可以通过技术优化的空间。实际的广告实践中，曝光的有效性对最终结果的影响往往远高于其他技术性因素，所以才会有传统广告中"位置为王"的说法，比如纽约时代广场的广告牌、各一线城市高层建筑上的广告牌等。在互联网广告中，位置的影响有时会更加显著，因此，如何从算法上消除由此带来的点击率预估偏差，是一个非常重要的实际问题。

关注阶段。这一阶段指的是受众从接触到广告到注意到广告的过程。对广告而言，曝光并不一定意味着关注。此处有几个重要原则。首先，尽量不要打断用户的任务。这一点是上下文广告投送的原理基础，也是当今讨论原生广告产品的出发点之一。当用户明确辨识出某个固定不变的广告位，并且不再认为它与自己浏览网页的任务有关联时，用户会下意识地屏蔽其中的内容。其次，明确传达向用户推送广告的原因，这一点是定向广告创意优化的重要方向。最后，内容符合用户的兴趣或需求，这是行为定向的原理基础。

理解阶段。用户关注了广告内容，并不意味着其一定能够理解广告所传达的信息。理解阶段有哪些原则呢？首先，广告内容要在用户能理解的具体兴趣范围内，真正精准的受众定向非常必要。其次，要注意设定与用户的关注程度相匹配的理解门槛。对于互联网广告，由于用户的关注程度非常低，我们应该集中强调一个主要诉求以吸引用户的注意。

接受阶段。受众理解了广告传达的信息，并不一定表示他认可这些信息。广告的上下文环境对于广告的接受程度有着很大的影响，同一个品牌广告出现在某游戏社区上和门户网站的首页上，用户会倾向于接受后者的信息，认为后者更具说服力，这也就是优质媒体的品牌价值。在定向广告愈发普遍的今天，如何让合适的广告出现在合适的媒体上，即广告安全（Ad Safety）问题，逐渐引起大家越来越多的关注。

保持阶段。对于不只追求短期转化的广告商来说，自然希望广告传达的信息能够给用户留下长久的印象，以影响其未来较长一段时间的选择，因此品牌广告商在创意设计上花了大量的精力提升此阶段的效果，例如我们平时看到的充满艺术性或浪漫气质的电视汽车广告。

决策阶段。成功广告的最终作用是带来用户的转化行为，虽然这一阶段已经离开了广告的业务范围，但好的广告还是能够为提高转化率做好铺垫。特别是对于电商或团购业务来说，强调哪些信息能够打动对价格敏感的消费者是相当有学问的。

总之，在广告营销中，越靠前的阶段，点击率对其效果的影响越大；而越靠后的阶段，转化率对其效果的影响越大。但是以上各个阶段的划分绝非孤立的和绝对的，某一项具体的广告策略或技术往往会对几个阶段的效果同时发生影响。虽然这样的有关广告有效性模型的讨论多见于传统广告研究中，但其规律显然也对在线广告的产品方向有很强的指导作用。

2. 社会化问答营销与传统广告营销的差异

第一，社会化问答营销是典型的内容营销而非广告营销。

广告营销是在特定媒介上投放广告以触达大规模用户或精准用户从而实现转化的目标；内容营销是企业自己生产或利用内外部有营销价值的内容资源，吸引内容相关的特定用户群体主动关注并实现转化。

二者最关键的差异就是"特定用户群体主动关注"，这就提醒我们在展开社会化问答营销的过程中一定要注意，内容是否自带吸引力、自带话题或自带流量，是否能够实现让用户主动来找的目标，这一点非常重要。

简而言之，广告营销可以概括为企业主动寻找用户，内容营销可以概括为用户主动寻找企业。

传统的广告营销：企业→用户
社会化问答营销：用户→企业

第二，社会化问答营销漏斗模型是将内容作为入口而非将广告作为入口。

社会化问答营销注重在内容质量上下大工夫、在媒介曝光方面省大钱，它作为营销漏斗的入口，是以内容本身来实现对精准用户群体的筛选，而非以某种算法完成广告的定向投放。由于内容本身与用户需求的契合度更高，因此社会化问答营销更注重的是利用内容吸引用户到之后的转化环节。

在这方面，内容本身不但能够像大数据或算法那样起到企业与用户之间连接器的作用，更重要的，它还是推动流量实现转化的扳机。

> 传统的广告营销：如何找到用户
> 社会化问答营销：如何转化用户

第三，社会化问答营销的转化路径是不规则、非线性的。

传统广告营销的转化路径是比较清晰的，无论是 AIDMA 模型（如图 2-6 所示）还是 AISAS 模型，其基础模型的转化路径都是线性的，也就是以引发注意为起点，逐步深入直至用户完成购买及分享等具体行为。

图 2-6 传统广告营销的线性转化（以 AIDMA 模型为例）

但在社会化问答营销场景下的转化模型中，其转化路径的起点并不像传统广告营销中那样仅仅始于用户的注意，用户可能是先产生了具体的问题，然后在搜索相关问答的过程中引起了注意；用户也有可能已经产生了购买行为，在浏览相关的问答内容后才产生了认可或分享；用户还有可能是引起注意之后直接产生了购买行为，或者产生了认可后却没有直接购买，而是在两年之后某电商平台的促销活动中下了单……社会化问答营销的非线性转化，如图 2-7 所示。

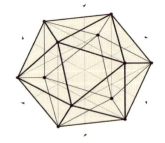

图 2-7 社会化问答营销的非线性转化

第四，社会化问答营销兼顾了长期效果和短期效果。

传统广告营销漏斗尽管能够在短期内吸引大量流量并形成转化，但其劣势也非常明显：广告活动一旦停止，其流量转化很快就会面临枯竭。

但在社会化问答营销中，一个好的提问与回答可以持续吸引用户的关注并形成可持续的良好转化效果。例如"考试前最后一个礼拜再复习还能过英语四级吗"这样的问题，到了每年的6月份和12月份就会吸引新一波的流量，在这样的问题或回答中植入的营销，也就会持续发生转化。

所以在这个意义上，传统广告营销活动的短期流量转化会比较明显，但社会化问答营销却是一种没有天花板的流量入口，好的问题和好的回答会持续影响一波又一波甚至一代又一代的用户。只要企业能够产出优质的问答内容，就有机会打破高度依赖广告投放的营销魔咒。

引用《掌握习惯》（*Atomic Habits*）一书作者的一句话："只要你愿意坚持多年，起初看似微不足道的改变，终将像复利计算一样利滚利，滚出非比寻常的结果。"

传统的广告营销：短周期内快速吸引流量实现转化；

社会化问答营销：长周期内反复激活内容实现转化。

第五，社会化问答营销能够深度影响用户心智。

传统广告营销活动由于其明显的广告属性，容易导致用户对营销信息本身的理解层次较为浅薄，甚至在一定程度上还会引起用户的刻意回避、不信任以及质疑。因此，它并没有在根本上影响用户的深层认知或行为。

但社会化问答营销与传统广告营销在这方面已经产生了本质区别，它更多的是一种品牌的专业内容贡献，这些内容以其专业性、客观性和有用性赢得了用户的信赖，并进一步内化为用户的认知，从而影响着用户的购买决策。

传统的广告营销：先有营销目的，再有广告活动；

社会化问答营销：先有问答内容，再有营销价值。

2.2.2 社会化问答营销的基本前提

在总结了社会化问答营销与传统广告营销活动的异同之后，结合社会化问答营销活动的显著特点，本书对社会化问答营销的作用机制进行了抽象总结，提出了下述3C-5A模型，如图2-8所示。其中，3C分别对应创作者（Creator）、营销者（Corporation）、消费者（Consumer）；5A分别对应引起注意（Attent）、提出问题（Ask）、解答问题（Answer）、产生行动（Act）、形成认可（Approve）。这个模型就是社会化问答营销的漏斗入口，它不再以广告作为流量入口，转而将社会化问答平台上的优质内容作为流量入口，从而使得这个模型无论在营销观还是在方法论方面，都与传统营销模型产生了本质上的差异。

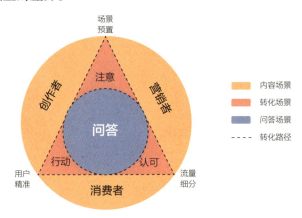

图 2-8　社会化问答营销的 3C-5A 模型

1. 场景预置

不同于传统广告活动先有营销目的和营销信息、然后再寻找用户触达场景和转化场景的逻辑，在社会化问答营销活动中，场景是先于营销而存在的，营销活动是紧紧围绕问答场景这一中心而展开的。例如知乎这一典型的社会化问答平台，它是先有了活跃的问答社区和优质的问答内容，深耕多年后才开始考虑将其内容生态商业化。

具体来看，社会化问答营销活动中已经先于营销而建立起以下几种场景：

（1）**内容场景**：优质的内容本身就是自带流量的，在社会化问答平台上的优质问答内容、图文内容、短视频内容、直播内容，都因为某种特性而具备了较大的影响力和较强的传播力，随着时间的推移，其影响力和传播力还会不断增强。这种内容本身就可以被开发为商业化的营销场景。

（2）**问答场景**：问答内容无疑是问答营销平台或社区的核心内容产品，相比其他的内容形态，它的指向性和针对性更明确，能够更直接、更直观、更直白地解答用户的疑问，符合现代快节奏的生活方式。因此，优质的问答内容也是非常好的营销场景。此外，问答内容的权重越高，企业通过问答平台进行大量的专业信息传播时，越能够增加用户的信任度，建立口碑。

（3）**需求场景**：用户的每一次提问背后都隐藏着需求痛点，用户的每一次搜索背后都隐藏着潜在需求。社会化问答平台上的提问与搜索不同于微博、微信或短视频平台上单纯的娱乐消遣行为，其随意性更小而目的性更强，因此需求场景也就更清晰。

2.流量细分

广告投放是利用媒介、平台算法对触达用户进行筛选过滤，但总体来看这种对流量的获取依然是相对粗放的，一场广告投放活动必须在保证触达足够数量的用户的前提下才能达到预期的转化目的，这就必然会导致营销方因重视数量而忽略质量的现象发生，这也正是广告投放转化率较低的重要原因。但社会化问答营销是利用内容本身对用户进行筛选过滤的，这也就意味着只有对内容感兴趣的精准流量才会主动点击、阅读相关内容。这就在很大程度上决定了流入不同营销漏斗的流量，其质量是存在差别的。确切地说，社会化问答营销活动中获取的流量，要比依靠广告投放获取的流量细分程度更精细。

广告投放获取的垃圾流量更多，社会化问答营销获取的有效流量更多；

广告投放是一种主动获取的付费流量，社会化问答营销是一种细水长流的自然流量；广告投放更多的是一种公域流量的开发行为，社会化问答营销更多的是一种私域流量的运营行为。

> **重点名词**

主动流量、被动流量

主动流量是需要广告主持续不断地投入才能创造的流量。比如百度的关键词广告就是一种主动流量，广告主开通百度关键词广告后台，完成广告创意，设定关键词，为每个关键词的每次点击定价，然后给百度关键词后台充值，广告活动便随之启动。用户的每次点击，百度会在广告主的账户中扣除点击费用，直到充值额度用完，如果广告主停止充值，广告也就随之停止了。这就是典型的主动流量，即广告主不再投入，先前产生的流量就消失了，没有积累，不可延续，没有建立品牌的流量资产。

被动流量是什么呢？在移动互联网时代，品牌营销的本质是内容，是一个内容创意、生产及分发的时代。在这个新的时代里，每个品牌都需要创造一个属于自己的内容池，将品牌的关键词、长尾关键词、品牌的知识点及内容点分布到这个内容池中，而内容池的不断积累则会在互联网上形成品牌内容资产的沉淀，从而占领品牌流量入口，形成品牌持续的被动流量。内容池的美妙之处在于，这个内容池只要存在，就会持续不断地创造流量，即使广告主未来不再持续投入，流量依然存在。

> **重点名词**

私域流量、公域流量

所谓私域流量，指的是个人拥有完全支配权的账号所沉淀的粉丝、客户、流量，可以直接触达的，多次利用的流量。与之相对的，公域流量是指个人不可控的流量,比如每个移动应用都是一个完整的生态,一个巨大的流量平台,广告主可以通过投放广告去获取部分私域流量,但是平台上的大部分流量都不能为个人所用,这部分不能为个人所用的流量就是公域流量。

3. 用户精准

正因为社会化问答营销漏斗的场景是先于营销而存在的,流量是通过内容精细过滤的,广告主才能够在特定的场景之下实现特定内容与特定用户之间的连接,在帮助用户高效获得可信赖答案的同时,其营销活动才能够面对这些特定用户群体实现精准触达和高效转化。

2.2.3 影响社会化问答营销效果的主要变量

1. 社会化问答营销主要参与者——3C

社会化问答营销的 3C-5A 模型中的同心圆指的是影响社会化问答营销效果的最主要变量,也就是内容本身(Content),其中大圆代表了社会化问答营销平台中所有类型的优质内容,小圆则代表了社会化问答营销平台最核心的优质内容,也就是问答内容。无论是大圆还是小圆,无论是问答内容还是其他形态的内容,都是社会化问答营销活动赖以存在的根本,也是社会化问答营销活动中所有参与者之间相互连接和互动的基础。

总的来看,在社会化问答营销活动中,主要有以下三种参与角色:

创作者(Creator):社会化问答营销在本质上是基于优质内容的一种营销方式,因此内容创作者在整个生态中扮演着至关重要的角色,他们所创作的内容是社会化问答营销得以快速发展的肥沃土壤。如何激励并赋能内容创作者使他们能够源源不断地输出优质内容,是社会化问答平台要重点思考的问题之一。事实上,每一位使用社会化问答平台的用户都是内容创作者,他们或提出问题,或回答问题,或发布文章,或留言评论等,这些内容共同构成了社会化问答平台的内容生态,但并不是每位普通用户都能成为优秀的内容创作者。

营销者(Corporation):营销者也创造内容,但社会化问答平台上的大部分营销者由于已经习惯了传统营销模式,他们创作的很多内容更像是自卖自夸的广告文案,而用户更愿意阅读那些优秀创作者们的优质问答及相关内容。因此,营销者会选择与社会化问答平台上的优秀创作者合作,共同创作出既包含营销要素和营销目的,又具有较高亲和力和可读性的内容,以更好地触达用户并改变他们的认知,促成他们的购买决策。

消费者(Consumer):社会化问答平台上的用户既是内容的消费者,又是各类商品和服务的潜在消费者,他们的消费需求会或多或少、或明或暗地隐藏在社会化问答平台上的每一次提问、每一次搜索、每一次阅读、每一次评论或每一次点赞之中。因此,如何深度挖掘消费者的潜在需求,并在特定的问答场景或阅读场景中满足这种需求,引导他们完成从注意到消费的转化,就成为营销者关注的重点。

2. 社会化问答营销的 5A 转化环节

不同于过去 AIDMA 或者 AISAS 等传统的线性转化路径,社会化问答营销活动的转化路径是非线性的,笔者把它归结为 5A 模型,如图 2-9 所示:它们分别是引起注意(Attention)、提出问题(Ask)、解答问题(Answer)、产生行动(Act)、形成认可(Approve)。这其中的每个 A 都是五角形中的一个角,也都可以成为整个转化路径的起点或终点,其转化链路不是标准线性的,它可以是先有提出问题—解答问题—产生行动,也可以是解答问题—产生行动—形成认可—引起注意—提出问题—解答问题—形成认可—提出问题等。因此,在分析社会化问答营销转化路径的时候,要抛弃单纯的线性思维,它在本质上是通过改变用户认知来影响用户决策的。

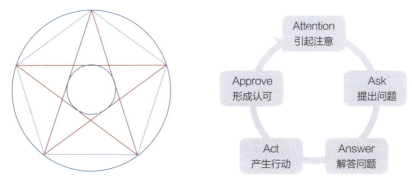

图 2-9 社会化问答营销的 5A 模型

引起注意（Attention）：某个提问、某个话题、某件商品、某一人物引起了用户的注意和兴趣。

提出问题（Ask）：用户在生活、学习、工作、社交等方面都会遇到各种各样的问题或困惑，他们会在社会化问答平台上提出来。

解答问题（Answer）：用户会回答别人的问题，也会阅读别人的回答，提供回答与阅读回答的过程，实际上也是用户的认知进行完善或转变的过程。

产生行动（Act）：用户会点赞、评论、分享社会化平台上的优质内容，也会受到社会化问答平台上内容的影响而改变自己对某些商品或服务的认知，并进一步产生购买和分享行为。

形成认可（Approve）：在使用社会化问答平台的过程中，用户会受到平台各类内容的影响，逐渐接收并认可很多观点，以及接受优质内容创作者所认可和推荐的商品与服务。

2.2.4 社会化问答营销的 3C-5A 内容池互动模型

1. 内容池（Content Pool）

与传统营销逻辑不同的是，社会化问答营销更像是以内容为核心的营销策略。因此，我们可以把它称为"内容池"，综合许多关于内容池的材料大致可以概括为两点：

（1）品牌资产的底层是内容资产，它为品牌打造消费者的忠诚度及分享力。

（2）内容池包括内容、容器和化学反应三大部分，形成了一个价值生态系统。

正是因为目前尚未形成关于内容池完整的概念、模型、营销观和方法论，我们才有必要继续挖掘它所蕴含的巨大理论价值和应用价值。

这里先给出内容池模型简图，如图2-10所示，需要注意的是，这不是一个营销漏斗，也不是一个时间沙漏，而是一个"发酵池"，它就如同一个酿酒的过程：利用微生物发酵生产含有一定浓度的酒精饮料，其中酿酒原料与酿酒容器，是谷物酿酒的两个先决条件。

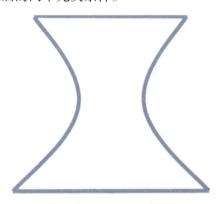

图 2-10　内容池模型简图

在内容池的容器里，内容就像粮食，数据就像酒曲，二者相互作用、持续发酵就会形成浓度非常高的原浆酒液。此时流经内容池之后的流量（用户心智）必然会发生质的改变。

因此，内容池模型大致有如下四个要点：

（1）一切基于内容池的营销既是内容生意，也是数据生意，二者都是企业营销必备的战略性资产。

（2）内容和数据是内容池的两大核心组成部分，它们相互交织、相互作用构成了过滤精准流量的"筛子"。

（3）内容池会影响用户消费决策链路的各个环节，它既关注短期转化效果，又重视长期品牌效果。

（4）内容池不但能吸引公域流量、过滤精准流量，还能改变流量成分、扩大流量规模、重构流量格局。

2. 内容池思维

流量池思维的目的非常明确，流量池营销的方法也非常具体。尤其是兼顾短期转化和长期品牌的这一理想追求，几乎是所有营销从业者梦寐以求的状态。虽然在早期移动互联网发展的流量红利期，流量池思维和营销方法在很大程度上解决了营销过程中所遇到的诸多难题。但在移动互联网发展的下半场，流量获取、运营、拓展和转化的难度越来越大，很多过去急功近利但行之有效的方法在今天都面临着失灵的尴尬境地。

所以问题还是原来的问题：

如何解决持续增长的问题？

如何平衡短期转化和长期品牌的问题？

在这样的语境之下，我们有必要从现实困境出发，寻找理论上的突破口。因此，内容池既是一套全新的营销理论建构，又是一套具有现实可行性的方法论系统。

如果流量池思维是要获取流量，通过流量的存续运营，再获取更多的流量；那么内容池思维就是通过内容资产的沉淀持续吸引有效流量，并赋予这些流量以巨大的动能和势能，使它们能够汇聚更多流量，并源源不断地浇灌广袤的市场空间。

因此，内容池就是蓄积企业内容资产的容器，它能够有效地吸引流量、转化流量和拓展流量，从而帮助企业有效实现短期业绩的增长和长期品牌的塑造。无疑，社会化问答营销模式，是企业建构内容池、沉淀内容资产、实施内容战略的重要抓手和有力工具。

实训作业

1. 选择一个在过去以电视广告投放为主成长起来的品牌（如蒙牛、脑白金、蓝翔技校等），分析其广告活动的营销漏斗及营销效果。
2. 在知乎上选择一个粉丝数量超过3万的机构号，分析它的问答、文章、视频等内容形态，并比较其营销漏斗与上述广告投放模式的营销漏斗之间的异同。
3. 尝试比较广告营销活动与内容营销活动为企业带来的价值有哪些共性，又有哪些特性。

第 3 章
成为社会化问答营销的个人创作者

任务描述

通过上一章的学习,我们了解到在社会化问答营销活动中主要有三种角色:创作者(Creator)、营销者(Corporation)和消费者(Consumer)。以知乎为例,三种角色可以找到大概的对应归类,创作者对应个人创作者、营销者对应机构号、消费者对应围观用户。但是这种对应并非严谨的对应关系,社会化问答平台上的用户是在问、答、围观甚至跨平台传播之间自由穿梭的。本章任务主要是学习在知乎平台上作为个人创作者应如何开通、使用账号、如何实现优质的内容生产、如何初步评估个人创作者的商业价值。

学习目标

知识目标

了解社会化问答平台的社区氛围。
了解如何成为个人创作者。
初步理解如何挖掘个人创作者的商业价值。

能力目标

能使个人创作者实现独立的内容生产。

能了解如何成为优秀的个人创作者。

能对个人创作者的商业价值有预设和评估。

任务导入

通过学习前面的任务一认识社会化问答营销、任务二理解社会化问答营销的作用机制，我们已经对社会化问答营销有了整体的认知，包括社会化问答、重要变量因素、核心运营逻辑、营销策略等。接下来，我们会以目前国内最大的社会化问答平台知乎为例，带大家拆解社会化问答平台的内容生产体系，分别了解个人创作者用户和机构号用户的账户特点，了解这些优质创作者如何进行内容生产及商业价值的评估，通过方法论和实际案例了解成为优秀内容生产者的成长路径。在这个过程中，我们始终以前面所学的两项任务为前提依据，不论是个人创作者用户，还是机构号用户，在内容生产和运营积累到一定程度后都可实现商业化营销。为了帮助大家更好地理解本任务的内容，本章还附上了站在创作者角度的优秀案例和优秀创作者经验分享以供参考，后续在本书任务八和任务九中会提供更多的商业化案例供参考。

任务解析

根据知乎个人创作者账户的功能、内容传播以及知乎的社区氛围等特点，"成为社会化问答营销的个人创作者"任务可以分解为以下三个子任务：

（1）理解社会化问答平台的社区氛围。

（2）了解如何成为社会化问答营销的个人创作者并掌握其内容生产流程。

（3）能够对个人创作者的商业价值进行发掘。

3.1 理解社会化问答平台的社区氛围

国内外有众多社会化问答平台,所营造出来的不同社区氛围使得平台之间存在差异化,社区氛围是本书读者将来作为营销从业者去选择平台时要重点考虑的因素,它的价值体现在不同的方面。在本书中,我们将社区氛围大致拆分成社会化问答的用户、社会化问答平台的内容生态、社会化问答用户的内容生产和消费三个维度,在实际的营销实践工作中,我们要结合品牌需求、平台数据等,考虑的维度会更多元化。

3.1.1 社会化问答的用户

随着技术的发展,我国互联网普及率逐年提高,根据中国互联网络信息中心(CNNIC)的统计数据,截至 2020 年 6 月,我国网民规模达 9.40 亿,互联网普及率达 67.0%。这其中,使用社会化问答平台的国内网民也随之逐年增加。以目前国内最大的社会化问答平台知乎为例,根据知乎对外公布的数据,截至 2019 年 1 月,其用户规模已超过了 2.2 亿。由于知乎内容优先于流量的基础算法,在一些信息呈现纷杂的时刻,用户对知乎的信息认可程度表现得更强烈。2020 年 2 月中旬,知乎数据显示新冠肺炎疫情期间用户提出的"搜索请求"峰值达平日的 60 倍。可以看出,虽然中国互联网用户整体增长红利消退，但是以知乎为代表的社会化问答平台还是可以保持稳定增长，这些平台在用户规模、用户使用习惯和保持用户黏性上均有一定的基础，这些是个人或者机构选择社会化问答平台进行内容生产、分发和营销的前提。

在为某个品牌、机构、个人进行具体的社会化问答营销时，营销者一般会将平台的用户画像与自身的目标客户做一个匹配对比，双方会有丰富的数据作为支持。以国内目前最大的社会化问答平台知乎为例，2020年9月知乎平台数据显示，知乎目标媒介用户画像有以下特征：从性别分布上来看，用户性别均衡，男性、女性分别占比56%和44%；从年龄分布来看，用户群体更加年轻化，横跨70后到00后，主要集中在24岁及以下（53%）、25~30岁（26%）、31~40岁（14%）；从使用终端来看，用户更偏爱苹果、华为等高端品牌（如图3-1所示）。

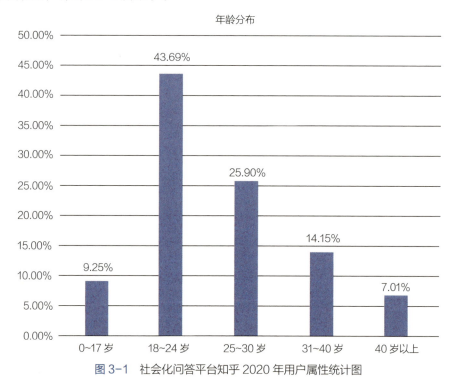

图3-1 社会化问答平台知乎2020年用户属性统计图

> **重点名词**

用户画像

在互联网用户运营领域，有非常系统的用户画像（User Profile）方法论，是根据用户的使用习惯、社会属性等海量数据对用户进行标签化、对用户信息进行结构化处理的过程。

社会化问答平台的诞生晚于问答平台，问答平台是类似于使用手册的说明书式的内容产出，答案相对固定；而社会化问答在内容生产上更偏向于原生和共创。知乎优质内容为王的逻辑，代表了社会化问答平台比起算法更关心的是人，是人的数字化生活的全面展示，同时也是一个包括商业在内的数字社会。在社会化问答平台上，积累了用户提出的海量的话题和问答信息，"问"和"答"的角色是相互交叠的，每一个用户身上的提问、回答、围观的多重属性是相互融合的。在问、答间自由穿梭的用户，构建起了社会化问答平台的内容生态。

> **重点信息**

理解新媒体时代的用户

中国人民大学教授彭兰在著作《新媒体用户研究》中提到观察新媒体时代用户的三个关键视角：

（1）节点化的用户。将新媒体用户视作新媒体的传播、社交关系、服务这三种网络的节点，以此洞察新媒体时代传播的新意涵以及社会关系的重塑。

（2）媒介化生存的人。移动时代新媒体用户的数字化生存，是一种典型的"媒介化"生存，媒介与现实生活之间形成了一种相互映照、相互生成的关系。

（3）赛博格化的人（机械化人）。正在到来的人工智能时代，在促成人的"赛博格"化，也使得人-机关系成为未来重要的传播关系。

3.1.2　社会化问答平台的内容生态

随着数字技术、网络技术、通信技术的进步，社交媒体的媒介形态和互动方式发生了很大的变化。从呈现方式来看，社会化问答的形式从过去单纯的文字形式，变化为今天的文字、图片、音频、长短视频等多种形式供用户选择。同时，内容涉猎的领域更宽泛，根据 2020 年 2 月知乎内部数据显示，平台自创立以来积累了大量问答内容，用户对于内容的兴趣偏好涉及广泛，问答的类别既包括社交、阅读、网购、团购等领域，也包括健康、办公、学习、时尚、娱乐等与日常生活息息相关的议题。从数量上来看，知乎平台在 10 年间实现了海量内容的积累，构建了多元的内容生态，其中包括 53 万个话题、4400 万个问题、超过 2.4 亿个回答。知乎平台的基本属性及对应功能简介如表 3-1 所示。

表 3-1　知乎平台的基本属性及对应功能简介（2020 年 11 月版）

序号	平台属性	上线功能	功能介绍
1	社区属性	关注	可以关注具体的知乎账号、话题、专栏，第一时间获得更新信息
		圈子	圈子是知乎平台上类似于兴趣小组的功能 详情可以参看《「玩儿转知乎」指南——圈子篇》 https://zhuanlan.zhihu.com/p/201000811
2	工具属性	问答	平台最基础的功能，注册后可提出问题和回复答案 （1）详情可以参考《「玩儿转知乎」系列指南——提问篇》https://zhuanlan.zhihu.com/p/148668354 （2）详情可以参考《「玩儿转知乎」指南——回答篇》https://zhuanlan.zhihu.com/p/151392328
		搜索	搜索是知友们寻找答案的重要渠道，使用场景包括关注热点的舆情评价、追求专业知识、讨论兴趣、购物环节的意见收集

(续)

序号	平台属性	上线功能	功能介绍
3	媒体属性	热榜	集合了知乎平台上当下讨论热度最高的话题,具体可通过以下地址查看 https://www.zhihu.com/billboard
		直播	详情可以参考《「玩儿转知乎」系列指南——直播篇》https://zhuanlan.zhihu.com/p/136717804
		推荐	2015年知乎在首页增加推荐功能,根据用户的阅读习惯,在首页推荐定制化内容。后续推出了好物推荐功能(帮助知友买到心仪好物)和盐选推荐功能(推荐知乎优质付费内容)
		会员	《「玩儿转知乎」指南——盐选会员篇》https://zhuanlan.zhihu.com/p/260435796
4	服务属性	电子书	知乎电子书是由知乎策划、制作的优质读物。根据用户不同的阅读需求和阅读场景,目前策划了4类电子书:「知乎·周刊」、「知乎·盐」系列、知乎「一小时」系列,以及「知乎周刊Plus」。详情可以查看该链接 https://zhuanlan.zhihu.com/p/21605500
		付费咨询	知乎推出的付费问答服务。提问的知友可以在付费咨询里选择答主,向他们提出自己的问题,并支付对应的咨询费用。答主回答提问后可赚取咨询费用,其他用户可付费查看回答。详情可查看 https://www.zhihu.com/people/zhi-hu-xiao-mi-shu
5	消费属性	知+	本书后续章节会具体讲述"知+"产品

3.1.3 社会化问答用户的内容生产和消费

在社会化问答平台中自由穿梭的创作者是平台的核心,以知乎为例,该平台的内容生产者包括个人创作者和机构号创作者两类用户。随着近年国内互联网内容产业的变化,知乎官方认证的 MCN 机构也加入到内容生产和分发的链条中,通过孵化优质创作者以达成商业内容合作的方式,重点在 ACG(动漫、游戏)、母婴、汽车、时尚、科技、旅游、泛娱乐等细分领域助力知乎构建全新的内容生态布局。

聚焦到内容生产者在平台上的内容生产和消费行为,我们可以"新知青年"为典型来一探究竟。2013年,知乎举办首届新知青年大会,延续至今,知乎每年都在举办相关的主题线上线下活动。根据官方的宣传,"新知青年"的界定无关创作者的年龄和地域,"只关乎其独立思考的态度和对世界的好奇程度"。知乎以它起始的调性与基于内容质量和社交属性的算法,聚集了一大批优秀的内容创作者,他们发起问题、解决问题,分享了独到的知识、经验和见解。

知乎创始人周源曾谈到"这(知乎社区的增长)是一个聚沙成塔的过程,社区让我们走到了一起,而当我们走到一起,任何问题都不再是问题"。靠着优秀的内容创作者,吸引了规模更为庞大的"新知青年"在知乎进行内容消费,这些用户在知乎平台非常活跃,根据2020年2月的数据,年轻用户的内容消费黏性突出,具体表现为:在活跃率(DAU/MAU)方面,年轻用户超过全站均值的40%;在日均使用时长方面,年轻用户超过全站均值的20%;在人均赞同量方面,年轻用户超过全站均值的200%。他们在知乎找答案、看热点、找同好。

重点信息

DAU、MAU

DAU(Daily Active User):日活跃用户数量。常用于反映网站、互联网应用或网络游戏的运营情况。DAU通常统计一日(统计日)之内,登录或使用了某个产品的用户数(去除重复登录的用户),这与流量统计工具里的访客(UV)概念相似。

MAU(Monthly Active User):月活跃用户数量。是社交媒体的一个用户数量统计名词,数量越大代表使用该社交媒体的人越多。

常见的社会化媒体内容生产形式

社会化媒体随着技术的演进，媒体形式不断变化，截至目前有以下几种主要内容生产形式，简要介绍如下：

UGC（User Generated Content）：中文意为"用户生成内容"，是用户将自己原创的内容通过互联网平台进行展示或者提供给其他用户的内容生产方式。

PGC（Professional Generated Content）：中文意为"专业生产内容"，往往是指按照传统广电、传统平面媒体的方式进行内容生产，但是在传播层面，利用互联网的方式进行。

PUGC（Professional User Generated Content）：中文意为"专业用户生产内容"或"专家生产内容"，也可以理解为UGC+PGC相结合的内容生产模式。

3.1.4 社会化问答平台的社区氛围

社区氛围的概念源自社区心理学，原指城市社区中居民对社区整体环境的一种主观感受和情绪体验，这种感受和体验是社区居民与社区环境交互作用所产生的。在移动媒体的情景下，社会化问答平台的社区氛围可以理解为社区中用户对于平台的主观感受和体验，这种感受不仅存在于平台用户的自身体验中，还会扩展传播给其他平台用户留下印象。

当为品牌开展营销活动去选择一个平台进行内容生产时，营销者需要考虑不同平台的社区氛围。评估平台的社区氛围有系统严谨的方法论，每个平台也会给出官方可供参考的维度，笼统来看，建议从三个方面进行考察：创建目的、平台机制、核心用户。以知乎为例，我们来初步评估分析下其社会化问答平台的社区氛围。

1. 创建目的

2012年，知乎创始人周源在回答知乎问题"知乎团队的初心是什么？"时，从知乎的定位、信息传播的方式等方面回答了创建知乎的目的。"真正有价值的信息""生产、分享和传播知识""人人参与，并为人人所用"这些最初的设想延续了下来，使得知乎在成立近十年的时间内，沉淀了大量的优质内容和优质创作者，形成了专业、认真和友善的社区氛围（如图3-2所示）。

图3-2　周源对于"知乎团队的初心是什么？"的回答

2. 平台机制

此外，从知乎的平台规则来看，知乎一直在持续构建与完善用户权益机制，扩展用户的创作形式和空间，综合了算法、社交、编辑的分发逻辑，用户等级体系中推出了"盐值""创作者中心"两个机制。

此外，知乎聚焦其问答社区的第一属性上，在科学技术、心理、生活消费、医学、娱乐等数十个领域聚集了优秀的个人创作者和机构创作者进行高效率的知识生产和分发。"专业徽章""众裁制度""扩大收益"三个维度的产品和社区机制，给优秀创作者赋权，邀请用户深度参与知乎社区构建。从这三个方面，我们可以了解到知乎的社区氛围是让每个人可以获得属于自己的个性化解答。

3. 核心用户

人是社区氛围最重要的组成部分，对于知乎用户的整体情况，前文有所描述，包括知乎用户的年龄、分布、内容偏好等。在从流量运营到消费者运营的转变下，知乎的核心用户表现为在性别上更均衡、年龄上更具消费力、地域人群覆盖更广。知乎的使命是"让每个人都能高效获得可信赖的解答"，使命就是要全力以赴追求的东西，所以需要聚焦再聚焦。知乎服务的是那些乐于分享、愿意主动去寻找问题的解答、主动发现更大世界的人，知乎的定位就是要服务人群中较为少数的人。开放、真实和专业的力量这三个因素促成了知乎的发展，开放带来多元，真实带来信任，专业会增加价值。社区是获得解答的方式，人们总是在讨论中获得各自的解答。知乎秉持的从用户价值出发、不欺骗用户、真实认证等原则奠定了其在用户心中是一个"可信赖"的平台，同时定位为社区驱动的内容变现公司，合理地最大化知乎的价值。知乎通过闭环教辅和媒介升级来实现内容变现，目前知乎主要通过以下三个宏观指标来衡量全局：

（1）日活跃用户数量DAU：每天活跃访问知乎服务（目前以打开APP为准）的用户数量。

（2）人均有效阅读数量RPU：每个用户有真实意愿并且真实有效的内容消费量。

（3）每用户平均收入ARPU：每个用户贡献的收入规模。

3.2 个人创作者的内容生产

目前，知乎的生产者包括两类：个人创作者和机构号，在这一任务里会重点分析个人创作者的内容生产。目前知乎推送算法的多样性使得它成为全网对内容生产新人来说非常友好的平台之一，由于互联网行业的产品功能、算法逻辑、运营方式等不断发生变化，本书主要内容是基于 2020 年 11 月知乎平台的具体情况。在参与本书学习的同时，你可以登录知乎，查看"知一声"和"知乎小管家"等账号了解最新的信息，如图 3-3（a）、图 3-3（b）所示。

图 3-3（a） 知乎官方账户"知一声"

图 3-3（b） 知乎官方账户"知乎小管家"

3.2.1 知乎作为社会化问答平台的功能和规则

知乎是一个真实的网络问答社区，在这里，不管是机构用户还是个人用户通过注册都可以实现以下基本功能：关注感兴趣的人、回答了解或者擅长的问题、提出想知道的问题、帮助编辑和改进回答。对于这些基本功能，知乎官方一直在更新一个"玩儿转"系列的指南，目前已经更新的指南内容包括提问、回答、直播、盐选会员、圈子、匿名等。

此外，知乎官方还对社区运行的规则规范进行了详细的说明。比如知乎上图文和视频内容的使用规范、不友善行为的判断标准、禁言机制等。表 3-2 为知乎官方公布的功能指南和社区规范，这些问答在不断更新中，读者在阅读本书和学习的过程中可以登录知乎官方网站查看详情。

表 3-2　知乎平台社区属性及对应功能简介（2020 年 11 月版）

主题	分类	细则
功能指南——如何玩转知乎	新手入门	【提问】：如何在知乎提一个问题？ 【回答】：如何在知乎写一个回答？ 【赞同与反对】：怎么正确使用知乎的「赞同、反对、喜欢」功能？ 【话题】为什么要给问题添加话题？如何给问题合理地添加话题？
	进阶探索	【匿名】：如何正确使用知乎上的「匿名身份」功能？ 【实名认证】：知乎账号实名认证常见问题汇总 【举报】：知乎举报功能如何使用？ 【专栏】：如何申请和使用知乎专栏？ 【机构号】：公司或组织可以注册知乎吗？什么是「机构号」？ 【直播】：如何开启一场自己的直播？ 【专业认可】：「专业认可」的次数及规则是什么？ 【圈子】：知乎「圈子」怎么玩？ 【众裁】：如何使用知乎众裁功能？「知乎众裁」的流程是什么？大家正在热议的众裁案件有哪些？
规则规范：社区是如何运行的	核心规范	【提问】：知乎的提问规范有哪些？ 【回答】：在知乎上回答问题应该注意些什么？知乎如何对回答进行排序？ 【话题】：在知乎上添加话题有哪些规范？需要注意哪些事项？ 【公共编辑】：如何正确使用知乎的公共编辑功能？ 【转载和引用】：在知乎上进行转载或引用应该注意什么？ 【图片】：知乎上的图片使用规范有哪些？ 【视频】：知乎上的视频使用规范有哪些？ 【隐私】：知乎如何处理用户隐私？ 【不友善】：在知乎上，什么是不友善内容？知乎上的不友善内容会被怎样处理？ 【折叠】：为什么知乎的部分回答会被折叠？ 【禁言机制】：什么是知乎禁言机制？哪些行为会导致被禁言？
	规范细则	【垃圾广告】：关于垃圾广告信息处理的细则 【滥用产品功能】：关于滥用产品功能处理的细则 【科学类不实】：关于科学类不实信息处理的细则 【封建迷信】：关于封建迷信内容处理的细则 【个人认证】：个人认证常见问题汇总 【侵权】：关于站内侵权内容的处理细则

3.2.2 人人都是创作者

在知乎,每个人都可以成为创作者,开通个人创作者号之后,就可以使用更多的功能。知乎用户王雪皎在"用户标识:怎样更加高效地识别人与内容?"的提问下回答道,知乎用户标识分为两部分:"优秀回答者"和"个人认证"。"优秀回答者"是知乎参考用户在特定领域内的话题权重,用算法将社区中贡献优质专业内容的用户识别出来,并为这些用户在个人主页、用户名上带上橙色标识。知乎发展的大背景是国内移动互联网的快速发展,在这样的背景下,更原生的创作者开始自我破圈,内容品牌建设进程加速,有输出意识形态能力的平台开始出现,"个人认证"就在这样的大背景下诞生。知乎的"个人认证"是使通过个人身份认证的用户,用户名上带上蓝色认证标识。在当前和未来三年,不管是哪个互联网平台,都需要与新生的内容品牌、IP创作者共同成长,一起服务客户和粉丝。

根据知乎目前的规则,主要开展的认证有学历认证、全职职业认证和公众人物认证,具体范围如下:

(1)**学历认证** 支持国内外硕士及以上学历,包括在读生与已毕业用户认证。

(2)**全职职业认证** 支持科研、互联网科技、服务业、医疗健康、教育、金融、文化传媒/娱乐、工程建设、交通运输、工业制造等类别的专职人员认证。对于风险行业如医疗健康、金融类别的部分用户暂未开放认证。

(3)**公众人物认证** 适用于有较高知名度或社会影响力的用户,支持知名作家、音乐人、演员艺人、主持人、记者、体育运动员、主播、UP主、职业电竞选手等身份的公众人物的认证。

在知乎问题"知乎个人认证常见问题汇总"的回答中,对于个人认证具体的材料、格式要求、更新认证信息、信息保护等做了详细的说明。有关个人号、机构号相互转换或合并等问题,也在知乎帮助中心有详细说明(如图3-4所示)。

图 3-4 知乎帮助中心

3.2.3 "创作者等级"分值背后的体系

前文介绍了知乎个人账号的基本功能和认证规则,接下来会为大家介绍实现账号影响力快速增长的方法,在了解这一方法前,我们需要先来了解下衡量个人创作者影响力的"创作者等级","创作者等级"的分值在成功注册账号后的创作中心会显示具体的数值。知乎账号等级及对应的权益,表 3-3 所示。

表 3-3 知乎账号等级及对应的权益(2020 年 11 月版)

等级	现有权益	升级后权益
1~2 级	内容分析 问题推荐 版权保护	新人创作扶持 新人学院专属激励活动 自荐权益试用机会
3~4 级	内容自荐	内容自荐 自定义推广 双标题 内容保量 直播权限

（续）

等级	现有权益	升级后权益
5~6级	赞赏功能 圆桌主持人 知乎 Live	新用户推荐 赞赏 知乎 Live 优先审核 优先客服 专题主持人 好物推荐
7~8级	自定义推广	开通盐选专栏 MCN 签约机会 身份标识 品牌任务（中阶） 圆桌主持人 内测权益优先使用
9~10级	品牌任务 专题主持人	专属客服一对一 专属推荐位 身份标识 品牌任务（高阶）

根据 2020 年 7 月知乎发布的信息显示，知乎平台中账号的"创作者等级"的积分体系由影响力分、质量分、行为分三个评分维度构成，具体如下：

（1）**影响力分**：内容获得赞同、收藏互动，创作分会有相应提升。

（2）**质量分**：持续创作优质内容，不仅创作分会对应地迅速上涨，还很可能被编辑推荐，被知乎日报、知乎周刊等收录，获得更多的曝光。

（3）**行为分**：只要发布有效的创作内容，创作分就会有所提高。

此外，提问、写回答、写文章、发视频、开直播、发圈子等创作行为可以让创作分快速增长。多维度的创作行为将得到鼓励，创作的内容形式越多，创作分的提升越快。

3.2.4 如何快速成为优秀的社会化问答个人创作者

知乎官方公布的《创作者成长指南》中，将个人创作者的快速成长聚焦在"人设"和"内容"的双重打造，个人创作者的成长过程可划分为三个重要阶段，如图3-5所示。

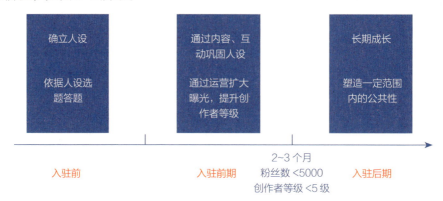

图 3-5 知乎官方《创作者成长指南》中对个人创作者各阶段的成长建议

第一阶段：个人创作者应在入驻前确立人设。对于确定人设，知乎官方有以下几个建议：①找到人设定位＝创作者擅长的领域＋目标群体，建议选择领域时优先考虑超过50万＋的话题领域；②人设清晰，有吸引力，从用户名称到主页简介，账号特色清晰可判断；③人设真实，持续输出。一旦确定了人设，在问答、态度、专栏等进行内容产出和互动时要与人设统一。同时利用账号后台数据，根据数据动态调整内容创作方向。

第二阶段：个人创作者在入驻平台的前期应巩固人设。通过"人设＋内容＋互动"的方式巩固前期设置的人设。具体的建议如下：①"人设"要体现专业度、态度，要有趣；②产出的内容要遵循人设，内容是人设的载体和延展；③互动是从人设到人，是社会化问答的体现。上文已经论述过创作者在不同等级具备不同的功能，在这一阶段，原创作者要努力提升创作者等级到5级以上，知乎曾将5级以上的用户称为PU（Power User，高级用户），普遍来说PU可以享受更多的功能，并有机会参加垂直领域内的各类活动。在创作者的快速升级过程中，以下一些关于内容产出和互动的建议可供参考：追热点，在回答中寻找公域流量，同领域"抱团"，稳定产出，不断优化。知乎内容流通的链路展示，如图3-6所示。

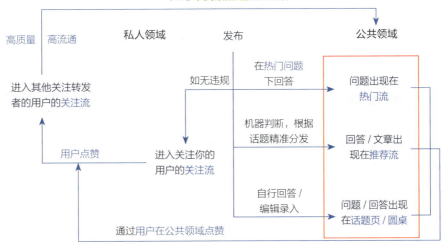

图 3-6 《创作者成长指南》中知乎内容流通的链路展示

第三阶段：个人创作者在入驻平台的后期应保持稳定发展。根据知乎的平台规则和知乎内容流通的链路，个人创作者可以通过其他用户的点赞内容、关注账号或者在热门提问下回答等方式，使创作的内容从私人领域进入公共领域，这样优质内容会被更多的人看到。鉴于此，对于个人创作者的后期成长，有如下几条建议：①深耕专业领域，适时跨界；②重视数据，动态管理人设；③稳定输出，适度互动；④强调话题的公共性，并在合适的时机破圈传播。

关于个人账号的更多运营技巧和实时信息，大家可以登录知乎看"知一声"和"知乎小管家"的相关内容。在知乎平台上，除了官方指南、官方培训，我们还可以看到很多优秀的回答者会发布一些快速成长的经验和建议，运营者可以选取与自己的专业、行业等情况接近的回答作为参考。

重点信息

知乎优秀回答者 Sean Ye 的经验分享

在 2020 年知乎组织的线下交流活动中，知乎拥有百万级粉丝的优秀回答者 Sean Ye 针对非 KOL（关键意见领袖）用户如何在知乎做个人账号冷启动，给出了三种情况的建议。

第一种情况是个人体验式背书，比如各种应试考试、证书考试的经验分享。

第二种情况是专业经验式背书，用个人职业、专业的相关经验去回答问题，会有更好的传播效果。

第三种情况是如果既没有个人体验式背书，也没有专业经验式背书的回答，可以在回答开头的表述上强调自己这个回答的高品质，比如用"本文的大图、视频可能会耗费您的一定流量，建议收藏回家慢慢看""全手打，读完本文预计需要10分钟"等话术吸引大家的注意力。

此外，Sean Ye 还建议不管是机构号还是个人创作者，进入知乎时，尽量选择长效的问题，避开有时效性的流量问题，确保这个问答会有用户周期性地消费。在知乎，内容生产的时效性并不强，只要有用户关注这个话题，或者是有新的流量进来，优质的问题、回答内容经过几年还是会被发现。一般而言，知乎这个内容周期是远高于其他平台的。比如，如果用户要准备出国，准备英语考试，在知乎搜索"雅思"时，用户可以看到多年积淀下来的内容，包括相关话题、提问、回答甚至有"知乎雅思"的专门账号（如图3-7所示）。

在2020年11月撰写本文之时，当我们在知乎搜索"雅思"，仍然可以在搜索结果比较靠前的位置看到知乎个人创作者"潇峰学长"在2017年12月针对"自学考雅思7.0，要做到些什么？怎么学？"回答的优质答案，点开评论，会发现累计的评论从2017年一直延续到2020年10月。由此可见，由于知乎独特的算法，优质的内容在社会化问答平台上的传播具有很强的长尾效应（如图3-8所示）。

此外，知乎的算法会帮助知乎社区氛围呈现出理性专业的倾向，特别是在有争议的热点问题出现时，相比流量逻辑的社交平台上难辨曲直的争论，用户在知乎上更易找到不同方理性沉淀的答案，因此知乎具备为内容"定调"的特点。

图 3-7 在知乎搜索"雅思"的结果

图 3-8 知乎回答者潇峰学长在 2017 年 12 月的回答

3.3 发掘个人创作者的商业价值

3.3.1 个人创作者中的 PU

PU 是 Power User 的缩写,是互联网时代一个泛化的概念。从 2017 年开始,知乎习惯用 PU 代指个人创作者里 5 级及以上的用户,他们在自己的专业领域积累了一定的影响力,成为 5 级以上的账户后会开通更多商业有关的功能。马尔科姆·格拉德威尔的著作《引爆点》中,系统地论述了个别人物法则,指出"联系员""内行""推销员"三种角色导致了流行的发生。知乎将这一理论扩散到品牌营销中,认为 PU 就是能够引发品牌热议和决定话题走向的关键角色。

从商业价值的角度来看,PU 是具有"信服力"的消费决策影响者。与其他平台的大 V 不一样,知乎的 PU 不是流量的概念,而是以内容为逻辑。所以我们经常看到,知乎的 PU 转到其他平台,能够很快地适应该平台,但是其他内容平台的大 V 入驻知乎不一定能够适应得很好。

知乎官方数据显示,站内具备长期创作能力的用户有 500 万,平台会依据他们的社区贡献(在社区创作内容的价值)及创作能力,在创作者中心将其分为 10 个不同的级别,而具备决策影响力的高商业价值创作者大多对应在 5 级及以上级别。

不同于其他平台的 KOL，知乎的 PU 大多是各行各业的专业从业者或专业人士，他们本身就具有极强的可信度和专业能力，在工作和生活中往往就是以专业的咨询对象或作为"我有一个朋友"的那个朋友出现的，他们的行事观点常被人们所谈论、咨询、采纳和学习。他们中的绝大部分都非专职自媒体人，但由于创作能力突出，凭借在知乎上的创作积累（包括优质内容以及由此而形成的优质社交关系、社区形象），他们已成为网友决策影响链路中的重要环节，商业价值也由此凸显。

3.3.2 PU 的内容创作到商业内容创作

在过去十年，知乎沉淀了大量的优质内容和创作者，而知乎内容产出的问答形式也隐藏着巨大的消费决策需求。用户自带疑问，主动寻找答案，这样的内容场景正是对强需求精准转化的绝佳契机。

站在 PU 的角度，如何实现从内容创作到商业内容创作的转变？在这个问题上，知乎知名创作者"半佛仙人"在《后流量时代，如何在知乎玩好商业内容运营？》（如图 3-9 所示）的文章中提到："对于知乎个人创作者而言，内容创作能力从来不等于商业内容创作能力。"作为在多个平台聚集了数百万粉丝的"半佛仙人"来说，他对于不同平台的社区氛围理解得很深刻，他在文中表述道："与日常内容相比，知乎上成功的商业内容明显更聚焦用户价值，寻找到好的选题、正向引导读者、清晰明快地阐述商品用户价值、带有干货性质的指导意见，只有同时具备以上几个要素，才能兼顾曝光、转化、留存，做出比较好的商业效果。相比于在其他平台的一锤子流量买卖，在知乎能否创作出适合平台调性的内容，并且能对自身品牌产生良好的影响才是最重要的。所以，与其想着怎么花大价钱去一稿通发，不如借助平台本身的工具，去定制化平台的内容分发，借助知乎自身的内容流通特性去做真正的传播。"

后流量时代，如何在知乎玩好商业内容运营？

半佛仙人
2020 新知答主

293 人赞同了该文章

作为一个忠实的"锤粉"，对罗永浩老师爱得深沉的我，当前段时间知道脱口秀大会罗老师的 solo 之后还是去看了一眼。

虽然一直不喜欢罗老师的诸多做法，以及依旧对许多数据存疑。但我这次居然破天荒地对罗老师在这几分钟的脱口秀中所传递出来的价值观，产生了非常强烈的认同感。

第一：内容创作者赚钱不寒碜。

第二：身为男人，还是要有足够的责任感去背负起重担。

图 3-9　半佛仙人《后流量时代，如何在知乎玩好商业内容运营？》

为解决个人创作者从内容到商业的转变，同时协调品牌需求和社区氛围，知乎推出了"知+"的互选机制，一端是帮助品牌找到匹配的内容创作者，另一端则是帮助内容创作者去寻找给予自己充分创作空间的商业机会。这个互选机制的背后，是只有当内容同时满足符合平台调性、满足用户需求、具备长尾效应、展示商业价值之时，才真正具备"可增长的商业价值"。以"知+"为代表的知乎商业化工具，在后续章节中还会详细展开，在此不做赘述。

实训作业

1. 请大家选择国内任一社会化问答平台（如知乎、百度知道、悟空问答等），并根据本任务所学，写下对该平台的用户画像、社区氛围的初步理解。

2. 根据本任务所学，写一份成为知乎个人创作者的方案策划书，包括账号定位、内容生产流程计划、商业价值的预估等部分内容。你需要根据该方案注册一个知乎个人创作者的账户，并进行内容生产实践和运营，尽快提升账户级别至 4 级（本课程后续章节仍需要用到该账号进行各类实践）。

3. 在知乎上评选出你认为最优秀的个人创作者，从内容生产的角度阐述评选该账号为优秀的理由。

第 4 章
社会化问答营销的机构号运营

任务描述

在上一章，我们对以知乎为代表的社会化问答平台如何从事内容生产进行了学习，包括如何理解社会化问答平台上的用户、内容生态、社区氛围等。在知乎平台中，内容创作者可以分为两类：个人创作者和机构号。本章的学习重点有如何在知乎开通机构号、机构号的权益有哪些、关于破冰运营的建议、机构号如何成长以及简要介绍机构号的商业价值五个方面。

学习目标

知识目标

理解什么是机构号。
了解从零开始运营机构号的流程。
初步了解机构号的商业价值。

能力目标

实现机构号的注册和内容生产。

掌握机构号的运营路径。

任务解析

根据知乎机构号的功能、权益、传播互动等特点,"社会化问答营销的机构号运营"任务可以分解为以下三个子任务:

(1)如何成为机构用户。

(2)机构号的运营方法。

(3)机构号的营销价值扩容。

4.1 如何成为机构用户

4.1.1 什么是机构号

知乎机构号是机构用户专用的知乎账号,与知乎社区内原有的个人账号独立并行。从官方注册来看,其使用者为拥有正规资质的组织机构,包括但不限于科研院所、公益组织、政府机关、媒体、企业等,一般也被叫作"机构号"。机构号作为知乎用户的重要组成部分,是企业、媒体、政府等非个人账号输出优质回答的重要阵地。知乎机构号更像是提供了一个用户和机构沟通的平台,上承机构,下接用户。机构通过机构号在社会化问答平台上凭借自身的专业团队和行业研究成果,持续为用户提供优质回答,用户也会因为优质回答建立起对机构的良性印象和信赖。

目前,知乎机构号具备 5 种基本的产品功能[一]。

(1)**回答**:通过在社区提问下发布"回答",机构号可以对公众关注的问题做出官方解答。机构号的回答与其他回答共享同一套排序和展示机制。

(2)**文章**:通过发布"文章",机构号可以主动对外发布官方信息。

(3)**提问**:通过发布"社区提问",机构号可以发起和参与社区公共讨论。

(4)**评论管理**:机构号可以管理其发布内容下的评论,有三种评论模式

[一] 参考知乎机构号官网介绍 https://www.zhihu.com/org-intro

可设置：开放评论、关闭评论和预审评论。

（5）**参与社区互动**：机构号可以参与社区互动，包括评论、邀请回答、表示赞同、反对、感谢、没有帮助或是举报等不同态度；机构号暂时不参与的社区互动有收藏、匿名、公共编辑、屏蔽。

值得注意的是，在知乎社区内，机构号拥有更多功能、权限和运营资源的同时，相较于个人账号也要遵守更多的平台使用规范。具体而言，机构号同个人账号等同，在社区的行为必须符合《知乎协议》《知乎社区管理规定》等条款规定。除此之外，机构号还需遵守《知乎机构号服务协议》及《知乎机构号使用规范》[一]，本章后文会详细介绍运营机构号的注意事项。

本书主编刘庆振老师在《从流量池到内容池：新消费品牌如何构建稳固的护城河？》[二]一文中提出了内容池的概念和核心体系，认为当平台用内容吸引用户并过滤流量的时候，就会发现这种模式与过去用广告或者用算法触达用户并过滤流量的方式之间存在着质的区别。内容池不是一个营销漏斗，也不是一个时间沙漏，而是一个"发酵池"。在内容池的容器里，内容就像粮食，数据就像酒曲，二者相互作用持续发酵就会形成浓度非常高的原浆酒液。此时流经内容池之后的流量（即用户心智）必然会发生质的改变。内容池具备超长待机、反复激活、持续传播和效果持久的特点，知乎作为社会化问答优质内容的承接地，是品牌长期建构内容池的重要选择。我们可以从以下两条优质内容的案例中更清晰地理解内容池："法语、德语、意语、西语，哪个最好学？"和"考试前最后一个礼拜再复习还能过英语四级吗？"这两个问题分别是沪江和知米背单词两个品牌机构号创作的优质问答内容，不同于当前典型的短期流量转化效果，这两条内容从发布之日起至今的数年时间，一直持续地为品牌带来源源不断的流量，如图4-1所示。这就是品牌要打造内容池的根本原因。

㊀ 参考知乎机构号入驻服务协议 https://www.zhihu.com/org_service_agreement

㊁ 参考 https://mp.weixin.qq.com/s/f3v7aGovE5K7aZ_MZXkZ2A

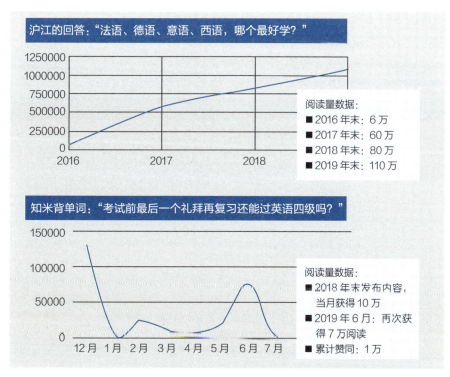

图 4-1 沪江和知米背单词两个品牌创作的优质问答内容的阅读量数据

4.1.2 机构号用户的特征

自 2018 年以来，知乎定期发布优质机构号榜单。2020 年年初，知乎以专业度、内容质量、更新频率、影响力等因素为依据，评选出了 17 位"优秀回答者"机构号见表 4-1，并送上橙色专属荣誉徽章，其他用户可在机构主页和机构所有内容页面看到该徽章，被评选上的这些是非常具有代表性的机构用户。图 4-2 是知乎机构号优秀回答者代表"丁香园"。知乎机构号的优秀回答者主要集中在科技、医学、心理学、生物学、航空、教育、财经、体育、旅行、宠物等领域，当某一主体决定开通机构号的时候，可以参考以上榜单选择与自身机构属性、品牌调性比较接近的账号。机构号不只是在知乎平台做单项的品牌宣传和信息发布，更多的是与知乎用户互动，产生更多有价值的内容，并实现商业价值扩容。

拓展信息

表 4-1　2020 年知乎评选的 17 位"优秀回答者"机构号

序号	名称	类型	介绍
1	把科学带回家	科普	《环球科学》杂志旗下的儿童科学教育平台，面对复杂抽象的科学知识，它以深入浅出、抽丝剥茧的解读方式解答来自知友的花式提问："数学和物理太难？这些动图让你秒懂抽象概念""夏天最作死的动作之一，就是在阳光下剥橙子或柠檬"
2	丁香园	医学	与"丁香医生"定位不同，"丁香园"是面向医务工作者的专业性社会化网络，提供医学、医疗、药学、生命科学等领域的交流平台。自成立以来收获 23 万+赞同、7 万+收藏、30 次专业认可、12 篇官方收录……来自知友和平台的认可，是"丁香园"作为优秀回答者最可靠的实力证明
3	健康中国	医学	"健康中国"是国家卫生健康委员会官方机构账号。在知乎，它不仅能权威及时地发布各类官方重要信息，也在诚挚地回答知友关心的健康问题。新冠肺炎疫情期间，它回答的"如何看待高考延期""不同人群应如何选择口罩""复工如何自我保护"等多篇内容被知乎官方收录
4	量子位	人工智能、科研	"量子位"是国内领先的人工智能垂直媒体，向知友传递有趣的人工智能（AI）和前沿科技。在知乎，它紧密追踪人工智能发展的新趋势，与知友讨论科技前沿激动人心的新技术与新议题，影响力持续升级
5	鲁能青训	足球	山东鲁能泰山足球学校官方账号。在知乎，它紧跟足球领域实时热点，提出有建设性的原创观点，解析战略、复盘比赛、展望行业未来发展、评价球员表现等，样样在行，深受球迷知友们的喜爱
6	猫研所	宠物医疗	一群吸猫成性、志趣相投的年轻兽医，致力于建立中国最全的"猫病知识分享平台"。"猫研所"来到知乎，为广大喵星人知友解答养猫那些事儿，让大家更了解猫咪、更了解"猫病"
7	穷游网	旅行	至今已经发展成为国内领先的出境旅游一站式平台，涵盖旅行问答、穷游锦囊、行程助手以及私人定制服务等。在知乎，它帮助中国旅行者以自己的视角和方式体验世界
8	少年商学院	儿童教育	扎根在青少年成长与素质教育领域，剖析和破解孩子成长过程中遇到的种种难题，为宝爸宝妈们排忧解难，传播更科学的教育理念，助力每一个孩子的健康成长

(续)

序号	名称	类型	介绍
9	网易爱玩	游戏	正如它的名字，网易旗下的游戏新媒体"网易爱玩"对好玩的一切充满兴趣，它热衷于发现新奇游戏，评测游戏质量，分享游戏乐趣，和知友们玩得不亦乐乎
10	网易玩家工作室	航空	致力于深度解答航空领域的各类问题，从800余页马航MH370失联调查报告的解读，到发现超级金属"铼"对航空发动机领域的意义。如果你对航天感兴趣，一定不要错过它
11	小猪	旅行	国内知名的特色民宿和短租房预订平台。"小猪"为知友们解锁全球各大人气旅行地的冷知识，它推出的"那些去了XX之后才知道的事儿"系列深入人心。除此之外，"小猪"还负责推荐高颜值打卡地和各地特色民宿，让知友们"身未动，心已远"
12	新发现	科普	"新发现"是中文版的Science & Vle, Science & Vie在欧洲有着极强的媒体公信力和市场美誉度，勇于坚持真理、无情揭穿伪科学。"时间是否存在？""狼如何进化为狗？"等回答使知友们印象深刻。在生物学、科普领域中，总有它刨根问底的繁忙身影
13	壹心理	心理学	全生态心理服务平台"壹心理"，为需要心理帮助的人答疑解惑。在知乎，它致力于提供一个专业而温暖的心理服务平台，你不懂的那些"为什么"，它会告诉你"心理"的想法
14	云锋金融	财报	一家在香港主板上市的创新型金融科技集团，为个人、机构投资者和企业客户提供综合性金融服务。透过现象看本质，它为知友们解答分析社会时事背后的财经道理
15	BioArt生物艺术	生物学	专注生命科学和医学领域，即时报道有趣、有意义的科学发现与学术生态，提供深入权威的专业解读，分享真诚的科研心路。它专注生命科学领域，与知友们交流和分享更多有趣、有料的信息
16	KLOOK客路旅行	旅行	全球领先的旅行体验预订平台。无论是欧洲小众旅行地，还是人气爆棚的东南亚，抑或是国内的宝藏城市，知友们想了解的玩法、实用旅行技能和当地知识，它都能娓娓道来
17	Nature自然科研	科研	时而严肃科普，时而脑洞大开，"Nature自然科研"的勤奋创作，让知友们离科学更近一步。作为专注于生命科学、物理、化学和应用科学的创作者，成为科研领域的"优秀回答者"，"Nature自然科研"当之无愧

图 4-2 知乎机构号优秀回答者

此外,除了面向消费者的企业、科研院校、行业垂直媒体之外,近年来,政务类和权威媒体类的机构号用户明显增加。从 2019 年下半年开始,最高人民检察院、交通部、海关总署、国家税务总局、国资委、卫健委等国家机关,以及新华社、人民网、央视网、光明日报等中央媒体陆续入驻。2020 年,部分地方性媒体开始集体入驻知乎,同年 9 月,安徽广电旗下以安徽卫视为主的 600 家机构号集体入驻知乎。

4.1.3 机构号的高阶权益

机构号除了提及的产品层面五大基本功能,还有大量的营销权益,以及构建营销生态的功能。其亮点权益包括以下四个方面。

(1)提供机构号专属流量激励,如新手流量扶持、每周和每月权益礼包等。

(2)提供机构号多种商业化途径,用于沉淀品牌价值和提升营销转化。

（3）提供机构号高效运营工具，基于擅长话题和热点问题提高其影响力。

（4）对机构号进行官方认证，添加专有身份标识，迅速获得知友认可。

除上述亮点权益以外，机构号还拥有更多构建营销生态的功能，分布在官方认证、品牌推广、前台发布和后台数据类工具、峰会和圆桌会议等方面，有利于应对企业、媒体在知乎营销的多样性挑战，进一步提高机构号内容营销的变现效率，如图4-3所示。

- 官方认证 名称获得唯一保护
- 内容置顶 优质内容私域管理
- 评论管理 掌握舆情有效控场
- 澄清/申诉 应对不实负面评论
- 营销插件 内容带货轻松转化
- 推广工具 高效触达目标用户
- 品牌营销 积累品牌认知资产
- 品牌任务 优质内容商业变现
- 数据工具 运营成果直观展示
- 定时发布 峰值发布更多曝光
- 问题推荐 轻松玩转知乎问答
- 体裁多样 支持发布多种内容类型
- 在线峰会 行业实力深度展现
- 主持专题、圆桌 提升站内影响力
- 搜索结果优化 高效达成SEO
- 荣誉月榜 优质机构号评选

图4-3 知乎机构号的全部权益⊖（2020年版）

⊖ 参考自知乎官网 https://www.zhihu.com/org/signup?org_code=XM67Nh

4.2 掌握机构号运营的方法

4.2.1 机构号的注册与认证

根据知乎官方的介绍，凡是有正规资质的合法合规的组织机构，即可申请开通机构号，详情可以登录知乎网页查看（https://www.zhihu.com/org/signup）。从零开始运营一个机构号，在注册的时候会需要填写机构类型、完善账户基本信息，并提交相应的审核资料。知乎官方会不定期更新《机构号入驻指南》[一]（示例如图4-4所示），向大家介绍如何申请入驻机构号，大家在工作时如需要开通机构号可以查阅该指南的最新版本。在本书中，对于知乎机构号审核需要的资质部分不做赘述，在此介绍一下机构类型和账户信息展示的部分需要注意的事项。

组织机构首先要理解机构号的账号类型，前文讲到机构号有企业机构、政府及事业单位机构及其他机构三种账号类型，需要根据实际情况进行选择。在这里我们对每种类型进行详细解读，同时列举了一些例子帮助大家进行区分。

（1）**企业机构**：适合公司、企业相关品牌、产品或服务等类型的申请，

[一] 知乎平台《机构号入驻指南》https://zhstatic.zhihu.com/org/org-account-guide-2020.5.pdf

如谷歌、奥迪、招行信用卡客服中心等。

（2）**政府及事业单位机构**：供国内外国家政府机构、事业单位、参公管理的组织申请，如平安北京、中国科普博览等。

（3）**其他机构**：适合各类公共场馆、社团、民间组织等机构团体申请，如WWF世界自然基金会、美丽中国等。

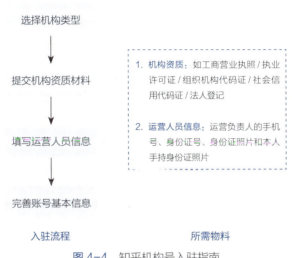

图4-4 知乎机构号入驻指南

其次要预先确定开通账号的名称和策略。账号名称会对外展示，所以在设置上需要考虑得更周全一些。许多品牌会在知乎设置账号矩阵，其中可能会包括机构号、公司创始人的个人账号、公司员工的个人账号等。不同类型的账号往往有着不同的方向，一般来说个人账号适合带货引客，专家账号适合留学、医美等重决策行业，亲历者人设更适合日常消费品的"种草"。

与个人账号不同，在设置知乎机构号时，有关名称和头像的要求会更加具体，知乎机构号命名规范如图4-5所示。《知乎机构号入驻指南》列举了名称和头像无法成功注册的几种情况。

计划中的机构号名称被占用时，需要进行申诉。

知乎机构号头像规范，如图4-6所示。

1. 账号名字数：3～40个字符（1个汉字算2个字符），中英文不限。
2. 账号名称不可设置无意义特殊字符，如★☺☆♡♪♫等。
3. 账号名称不得侵犯注册商标专用权。
4. 账号名称不可包含"最高级""最佳""第一""国家级"等绝对化语言和极限性用语。
5. 账号名称不可包含标语、口号（Slogan）等广告性质的宣传语句。
6. 非政府机关及事业机构，账号名称如包含"中国""中华"等政府官方性质词汇，或"高考""托福"等具有官方教育机构性质的名称，需补充相关资质。
7. 非媒体类账号不可使用易被用户误解为官方媒体账号的名称，如"xx报道""xx报""xx电视台"等。
8. 非政府机关及事业机构不得使用国家机关所在地、特定地点的名称或者标志性建筑物的名称。
9. 不可使用易被理解为知乎官方性质的名称，如"知乎""知乎刘看山""智者天下"等。
10. 除注册商标、知名品牌外不得以个人化昵称认证企业账号，如"xx人""xx公司CEO"；涉及名人名称引用需取得相关授权。
11. 已认证的机构号名称具有唯一性，采取先到先得的原则，不能与已认证成功的账号名称重复。如先注册的账号有侵权行为，请通过知乎提供的侵权投诉渠道进行投诉。
12. 账号名称应为基于公司品牌名、产品、商标的全称或无歧义简称，不可仅为通用词语，如"科技""自驾游"。易混淆词汇应在账号名称中添加行业、地区、行业性质等限定词。
13. 不可包含违反法律法规的内容，或存在其他不良信息的情形。

图4-5 知乎机构号命名规范

1. 头像最小尺寸为360px×360px，支持png和jpg格式，文件不超过5M。
2. 头像图片要求健康，能够代表机构或品牌形象。
3. 头像图片不可含有任何形式的联系方式、二维码，网址不可作为主元素使用。
4. 头像图片不可带有影响视觉的水印。
5. 头像图片不可包含与知乎官方商标、LOGO、卡通形象相关的元素。
6. 头像图片除创始人、形象代言人等可代表机构形象的肖像外，不可使用其他任何形式的个人肖像。
7. 头像图片不可包含易与知名机构混淆的元素，不可包含有歧义内容，不可侵权。
8. 非国家机构的头像图片不可包含国旗、国徽、党旗、党徽、团旗等元素。

图4-6 知乎机构号头像规范

4.2.2 知乎机构号的定位

  机构在开展社会化营销问答的过程中，会将社会化问答平台与其他社交媒体平台进行对比，不同的媒体平台有不同的营销价值。以知乎为例，由于知乎的社区氛围、规则、算法等内部因素，再基于网友对信息搜索、生产和分享的需求，知乎机构号是机构开展社会化问答冷启动的重要选择。在这个过程中，机构要去思考一些跟自身定位相关的问题，包括但不限于以下问题：

- 为什么要开通知乎机构号？
- 是否设置知乎账号矩阵？
- 账号的定位和人设是什么？
- 什么样的账号名称和头像更有代表性？
- 根据自身定位，如何建立专业、有传播力的问题库？
- 如何通过问答冷启动机构号？
- 在不断丰富问题、回答库的基础上，如何有计划地输出优质内容？
- 如何与用户互动？
- 如何与其他机构号联动、跨界营销？

每一个机构因为其属性不同，有不同的营销目的。在上述问题的回答中，虽然每个机构有一套自己的答案设定，但是在具体的内容发布上仍是有规律可言的。通过观看知乎机构号团队组织的"知乎机构号升级密码""知乎机构号，应该这么玩"等Live讲座，可以学习到具有知乎营销及机构号运营经验从业者的宝贵经验（如图4-7所示）。

知乎机构号团队举办的 Live 讲座

知乎机构号升级密码
知乎机构号团队，程翔
★★★★★

知乎机构号，应该这么玩！
知乎机构号团队
@ 互联网 ★★★★★

知乎机构号团队赞助的 Live 讲座

机构号拿下 10000 个赞后，我认为知乎是线上招生引流的最佳...
Oscar，短书平台
@ 互联网 ★★★★★

图 4-7　知乎机构号团队组织的各类 Live 讲座

首先，在实际的运营过程中，机构组织应确定好运营的领域、话题、内容种类，并持续专注深耕固定领域，以获得更多关注和内容传播。与个人创作者一样，机构号同样需要"人设"的定位。这需要机构长久以来的形象做基础，也要根据平台的特性进行调整。2017年，奥迪在回答"运营知乎机构号是种怎样的体验？"时提到，奥迪来到知乎，除了传递汽车知识以外，品牌方更希望借助机构号的运营让品牌形象得到一次更新，使其离消费者更近。综合考量，奥迪在知乎定位为："专业的、懂生活的汽车工程师，性格中带有一点点风趣幽默。既是奥迪品牌的发言人，也是汽车知识的传播者；能给知友答疑解惑，也会心生困惑，求问知友。"从运营结果来看，这一定位是成功的。对于品牌来说，知乎这一社会化问答营销平台是品牌资产积累的一个重要选择，也是品牌进行客户交流、走向年轻化的重要途径，如图4-8所示。

图4-8 奥迪回答"运营知乎机构号是种怎样的体验？"

㊀ https://www.zhihu.com/question/51854612/answer/207564119

其次，要成为优秀的机构号，组织机构还需要在用户关注、内容发布上下力气。累积原始关注很重要，此时可以借助机构的员工、其他社交媒体等渠道快速收获第一批"种子用户"，帮助账号完成冷启动。在知乎回答的原创内容尾部，可使用趣味性、个性化的语言，主动引导知友对机构号的内容进行赞同、评论，对账号进行关注，以此稳定获取更新的内容。

需要特别注意的是，机构号在引导用户关注和互动时应符合"知乎社区管理规定"，不可通过点赞抽奖、集赞更新等形式诱导用户投票或者关注。如"点赞超过100继续更新"等以赞同、关注作为交换的引导方式会构成违规行为。如有涉及这类违规行为，知乎小管家将根据情节的严重性，对账号进行不同程度的处理。优质的回答是获得曝光的最佳途径，不同于其他平台的流量逻辑，知乎平台的强内容逻辑，决定了每个回答的专业程度、实用性是影响机构号发展的重要因素。建议机构号在回答时要做到篇幅在500字以上，信息翔实、数据有力、案例生动，同时在表现形式、图文和视频的制作上用心，进一步提高用户的阅读体验。

2018年，沪江在回答"运营知乎机构号是种怎样的体验？"这一问题时，对于内容排版的优化层提到，尽量使用新闻学上"倒金字塔式"的表达方式，按照"核心信息—重要信息—背景信息"的方式对内容进行顺序和多寡的调整。企业设计媒体内容在不同平台发布时，尽量避免把自己在其他平台上的内容直接照搬到知乎。例如，微信端的图文很多都是短平快的排版特点，或具有较高的娱乐性，就不是很适合发布在知乎；如果是干货内容，最好也重新排版、重组语句后再使用。回答过长时，可以使用长文索引的方式，让读者从一开始就看到文章结构，从而直接去看自己感兴趣的部分（如图4-9所示）。

4.2.3 机构号的成长

在注册知乎机构号之后，只有更熟悉知乎的玩法和规则，才能实现账号这一点其实上文有提到过,可以引用一下新闻学中"倒金字塔式"的表达方式。

如果你的回答过长,可以使用长文索引的方式,让读者从一开始就看到你的文章结构,可以直接去看自己感兴趣的部分。

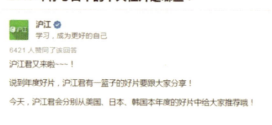

图 4-9　2016 年你心目中的十大佳片是哪些？[一]

的快速增长。机构需要关注与自身行业相关的话题、专业知友、专栏等,了解领域内的相关热点。通过查看相关话题下的"优秀回答者"的回答或话题页精华栏目下的高质量回答,学习了解受知友欢迎的内容是如何输出的。对于平台更深入的了解可以从以下几个方面进行推进：知乎问题发散机制、知乎威尔逊算法、知乎机构号盐值构成、知乎消费者决策的链路等。

机构号应关注账号的"盐值",随时评估运营状况。"盐值"是基于机构号在知乎社区的创作、互动等表现,由系统综合计算出的一个分值,用来评估机构号的运营状况。机构可登录机构号后台管理中心,查看"盐值"得分,机构获得认证后可根据自身"盐值"等级解锁相应权益,"盐值"越高,对

[一] https://www.zhihu.com/question/51854612/answer/199995351

应的账号级别就越高，账号享有的权益就越多。值得注意的是，机构号和个人创作者的"盐值"有所不同，个人号的"盐值"只增不减，而机构号"盐值"如果疏于打理可能会下降。"盐值"在每周一更新，每次评估会覆盖账号近期表现和历史表现。有关"盐值"权益的最新变化情况，可以关注"知一声"官方账号了解产品功能（如图4-10所示）。

盐值正式上线，再添新权益

知一声
知乎 官方帐号
周源等 764 人赞同了该文章

盐值系统经过为期三个多月的优化和调整，于今日起正式上线啦。知友们更新知乎 App 至最新版本，即可在移动端「我的」页面中的账号名称处，查看自己的知乎盐值和享有的社区权益。点击盐值查看详情，还能了解具体... 阅读全文 ∨

▲赞同 764 ▼　💬 233 条评论　↗分享　★收藏　🏳举报

算法升级，盐值优化第二期

知一声
知乎 官方账号
周源等 60 人赞同了该文章

知友们下午好，近期我们再次对盐值的算法模型进行了优化调整，希望能够进一步细化盐值的评分维度，提升准确度，让专业、优质的内容和友善的行为得到更多鼓励。本次升级主要围绕「内容创作」和「友善互动」两个维度进... 阅读全文 ∨

▲赞同 60 ▼　💬 38 条评论　↗分享　★收藏　🏳举报

图4-10　知乎机构号的"盐值"展示

> **重点信息**
>
> ### 什么是知乎"盐值"？
>
> 在知乎，具有不同文化背景、生活经历和价值观的人们分享着自己的知识、经验和见解，并在交流中达成了认真、专业和友善的社区共识。基于社区共识，我们将每位知友在站内的行为进行了智能识别和加权计算，形成了由"基础信用""内容创作""友善互动""遵守规范""社区建设"五大维度构成的知乎"盐值"体系。"盐值"

的浮动将会对应不同的账号权益和权限，还将直接作用于内容的推荐系统和赋权系统。希望这套体系可以帮助每一位知友了解社区共识，促进良性讨论，提升大家在社区中的讨论体验。

知乎"盐值"是如何计算的？

知乎"盐值"的分布范围在0~1000之间，分值高说明该用户十分专业、友善、可信赖。根据注册时的信息完善程度，用户会获得一个260~300之间的初始"盐值"。后续"盐值"的增减随用户的行为累积计算，每周更新一次。

在开展社会化问答营销的过程中，还有一些高阶问题需要机构方贯穿始终地去思考，包括但不限于以下问题：

（1）用社会化问答平台能够解决用户的什么需求？

（2）如何与公司的其他社交媒体平台进行整合营销传播？

（3）如何用品牌资产的思维去管理各类社交媒体的账号和内容？

（4）同行、竞争对手、跨行业的优秀案例是如何运作的？

在提升机构的运营时，有以下具体操作可供参考：

（1）找到有效的问题，通过热榜、热搜、机构号后台问题推荐等渠道，找到适合自己专业的问题进行回答。

（2）扩大优质内容的传播，通过自然流通、平台推荐、主动传播等不同的手段去扩散现有内容。

（3）实时关注平台如何评价优质内容，普遍来看，具有结构化、观点新颖、易于理解、阐述深入、具有独家信息、图文并茂、排版精美等特点的内容更受欢迎。

企业除了可组织员工开展知乎机构号的运营，还可以在市场上寻找更为专业的代理公司，它们对于知乎的基本功能、高级功能及营销组件更为熟悉，有属于自己的社会化问答营销方法论，能够在内容种草、高效转化、长尾效应、私域流量等方面实现较为理想的效果。知乎官方开始推出通过认证的"机构号代运营服务商",目的在于为机构号用户提供更专业的运营指导和培训以及代运营等服务。通过优质的内容运营,帮助企业在知乎提升品牌认知、搭建品牌美誉度,并使机构号在知乎生态中蓬勃发展。

4.2.4 机构号的注意事项

对于机构号而言,不仅要在定位、内容传播、营销闭环上进行精心设计,还需要认真阅读相关《社区规范》,尊重知乎的社区文化和秩序,避免潜在风险。对于违背社区规范的行为,一方面会受到平台的惩罚,影响账号等级;另一方面,由于涉及用户对机构的印象和好感度,如果出现这些行为,会对机构造成潜在损失。

根据知乎的《社区规范》,机构号在运营时,应杜绝以下高风险事项:违法、政治敏感、不规范转载或版权有问题、文章内容直接搬运、回答生硬无互动感、包含垃圾广告等。知乎平台的《机构号使用规范》对于不规范行为有着明确的解读[一],包括发布虚假信息的行为、诱导用户的行为、恶意营销的行为、侵犯他人合法权益的行为、滥用机构号行为、作弊行为、不正当竞争行为、违规经营行为、滥用产品功能以及机构信息不符合信息管理规范等。平台发现机构号违反规范,知乎社区管理员将根据违规程度对违规机构号进行禁言 1 天、7 天甚至永久封禁的处罚,并有权公告处理结果。

知乎机构号的行为也受其他社区规范的约束,违规后也会受到相应的处罚,例如:当机构号 1 天内发布的内容中有两条内容因不友善而被删除,账号会被禁言 1 天。社区使用规范的存在成为督促各机构号共同维护社区氛围、确保内容质量的有效保障。如果知乎用户对知乎基于上述规范做出的处理有异议,也可以通过邮件或私信的方式申诉。

〇 《知乎机构号使用规范(试行)》https://www.zhihu.com/org_use_norm#sec-punishment

4.3 机构号的商业价值扩容

现在更多的品牌会在知乎设置账号矩阵,包括机构号、公司创始人的个人账号、公司员工的个人账号等。通过"机构号+其他号"的组合,为品牌在知乎带来更多的内容价值。例如阿里云在知乎开设了"阿里云""阿里云云栖号""阿里云支持与服务中心""阿里云数据库技术"等账号,根据账号不同的定位发布不同的内容,在知乎累积了大量的优质内容和关注。对于企业来说,在社会化问答平台开设和运营账号,最重要的就是看平台提供了哪些有利于营销价值建构的功能和机制。知乎在机构号商业化方面不断推出新的功能和权益,目前来看推出的内容服务解决方案"知+"主要可以在两方面帮助品牌实现商业增长:一方面,帮助品牌实现更高效的内容创作与挖掘,主要表现在精准对接热度话题与优秀创作者,激活存量UGC内容,全面激活创作能力,实现具有长尾价值和自然生长能力的品牌建设。另一方面,帮助品牌实现更多元的内容互动与转化。与单纯的广告相比,优质内容自身就具备互动性,"知+"可以帮助企业充分与用户交互;在此基础上,还可以通过多样化互动组件,达成即时的内容转化与长期的企业人设建立,实现传播破局。

知乎公布的概括2019年机构号的整体发展的三个关键词:热搜、推荐和搜索,正体现了机构号本身的发展设想。

(1)**热点**:知乎2019年针对机构号推出了"热点问题推荐"功能,帮助机构号更快、更有效地响应热点。数据表明，机构号使用这一功能回答热点问题使其平均回答阅读量提升了44%。这说明知乎在热点方面倾斜了大量流量，只需要运营者迅速对热点进行响应，并从自身擅长的角度对热点进行挖掘和创作，即可获取可观的流量。

（2）**推荐**：知乎从2019年开始加强视频内容建设，开启了视频创作者扶持计划。对于机构号运营者来说，虽然内容需要根据自身擅长和实际情况来选择，但知乎在内容的表现形式和推荐机制上一直在不断优化。

（3）**搜索**：知乎在搜索功能上使用了强运营的模式，根据搜索的热点强度推出相关的热搜Tab（标签）。对于机构号来说，带着问题来的知友们是创作者服务的对象，两者的匹配程度非常高，这对于创作者实现商业变现具备天然的优势。

除此之外，知乎自2019年起推出了更多具有机构号商业属性的功能，比如转化插件、回答内嵌APP下载服务以及表单线索收集等。2020年，知乎推出了更多重磅功能，不断打磨和优化运营工具，扎扎实实地打造更好用的产品，其功能的提升主要体现在以下四个方面：

1）问题匹配更加精准，推广工具优化升级，每一篇好内容都不会被辜负。

2）提升整体商业变现能力，上线好物推荐、品牌任务、咨询付费等功能，让更多机构号加速商业变现。

3）制订视频创作者扶持计划，实现直播媒介升级等，让机构号以更丰富的方式展示自己。

4）通过"行业峰会""致知计划"等大型活动覆盖更多领域，不断深化机构号的行业影响力。

以沪江为例，沪江在回答"关于小语种大家提议学习哪一门语言呢？为什么？"这一问题的答案里加入课程推荐插件后，短期内获得超过1万的阅读量，插件点击率达4%，用户报名课程比例达到20%（如图4-11所示）。由此可见，知乎不满足于"回答"某一个具体的问题，而是聚焦于"解决"用户的某一种需求。解决需求这个思路能够破除机构号商业化所面临的困境。

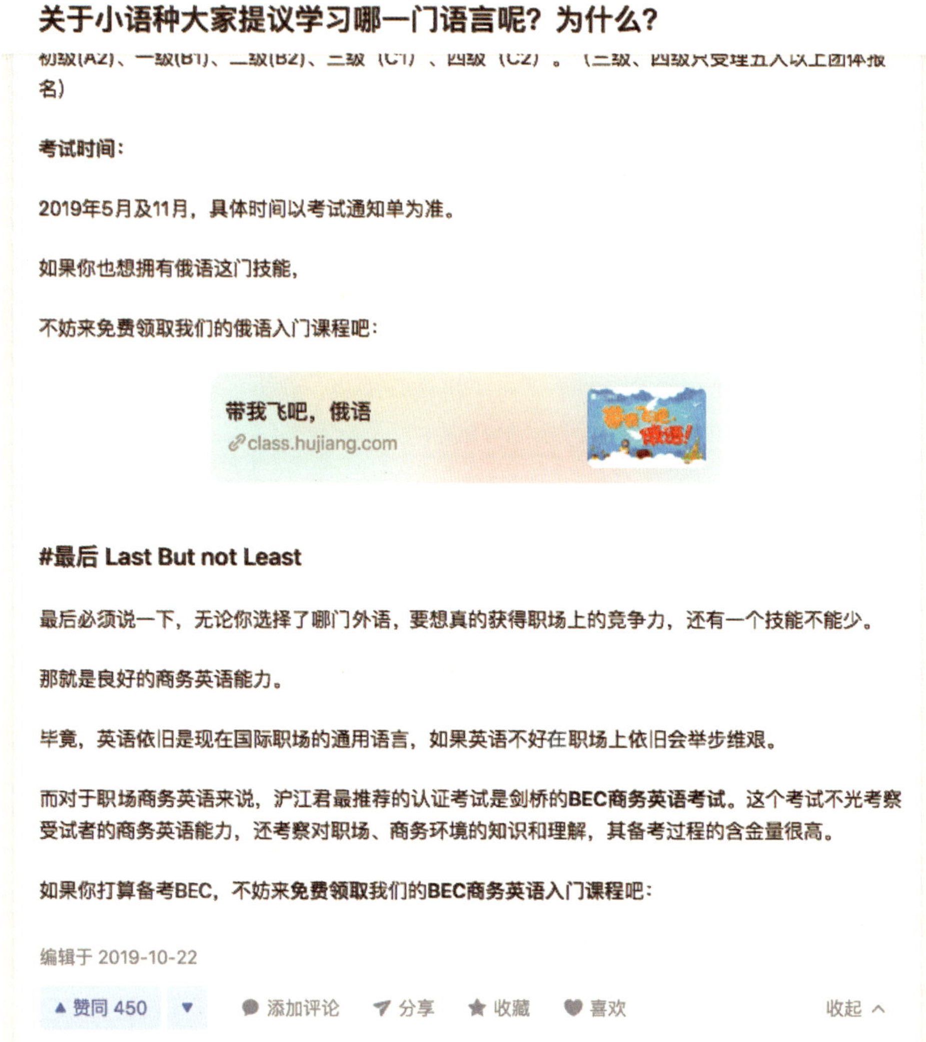
关于小语种大家提议学习哪一门语言呢？为什么？

初级(A2)、一级(B1)、二级(B2)、三级（C1）、四级（C2）。（三级、四级只受理五人以上团体报名)

考试时间：

2019年5月及11月，具体时间以考试通知单为准。

如果你也想拥有俄语这门技能，

不妨来免费领取我们的俄语入门课程吧：

#最后 Last But not Least

最后必须说一下，无论你选择了哪门外语，要想真的获得职场上的竞争力，还有一个技能不能少。

那就是良好的商务英语能力。

毕竟，英语依旧是现在国际职场的通用语言，如果英语不好在职场上依旧会举步维艰。

而对于职场商务英语来说，沪江君最推荐的认证考试是剑桥的BEC商务英语考试。这个考试不光考察受试者的商务英语能力，还考察对职场、商务环境的知识和理解，其备考过程的含金量很高。

如果你打算备考BEC，不妨来免费领取我们的BEC商务英语入门课程吧：

编辑于 2019-10-22

▲ 赞同 450 ▼ 添加评论 分享 收藏 喜欢 收起

图 4-11　知乎机构号——沪江开展社会化问答营销

除了“带货”这方面的商业价值，运营者在知乎上还可以使用机构号进行社会化问答营销，帮助其在生产内容、举办专题、线下活动、应用下载、带货转化以及用户线索获取等方面实现价值转换（如图 4-12 所示）。

生产内容　　　　**举办专题**　　　　**线下活动**

丁香医生

通过持续输出优质内容，获得医学话题「优秀回答者」勋章，关注人数跃居全平台（不含知乎官方账号）第一名。

关注 249 万+·赞同 390 万+

天猫

2019 年双十一举办「新国潮，潮你而来」专题，发布 22 个潮相关问题，特邀多位高影响力用户撰写优质回答。

专题浏览 6300 万+·回答 1 万+

德国博朗

和知乎「不知道诊所」合作线下活动，解锁剃须冷知识，在别开生面的科普中实现品牌传播。

活动到场 10 万人·线上曝光 500 万

应用下载　　　　**带货转化**　　　　**用户线索获取**

作文纸条

购买了机构号商业版的作文纸条，在多个高赞回答里加入「App 下载插件」，转化用户下载应用。

上线时间 45 天·插件点击 4000+ 次

沪江

回答问题「关于小语种大家提议学习哪一门语言呢？为什么？」并放入试用课程推荐插件，短期内获得数万阅读量。

插件点击率 4%·报名比例 20%

人事星球

人事星球：发布文章「如何成为一名优秀的 HR？」，通过插件送福利，将留下联系方式的用户，后期转化成为私域流量粉丝，加入社群。

插件转化率 8%·微信粉丝转化率 50%

图 4-12　知乎机构号社会化问答营销价值

在本书后续的章节中，还会以"知+"为例为大家详细介绍社会化问答营销体系，包括内容创作、内容流通与分发、交付闭环、应用策略、代表性行业案例和未来图景，有关机构号商业价值扩容的具体操作，可以在后续章节进行学习。

实训作业

1. 知乎机构号有企业机构、政府机关及事业单位、其他机构三种账号类型，请分别在每种类型中找出 5 个优秀的运营案例，并做简要的账号介绍。
2. 在知乎上查看官方组织的机构号如何运营 Live 讲座，并就机构号如何进行内容生产写一篇 300 字以上的感想。
3. 在知乎机构号公布的榜单中选择你认为最佳的"优秀回答者"，并结合自身所学对它的运营方式进行分析评价。

第 5 章
社会化问答营销的内容创作

任务描述

社会化问答营销是一种典型的内容营销，创作优质的内容是营销成功的根基，也是社会化问答营销初学者在学习过程中必须掌握的一项技能。社会化问答平台上的各种内容形态，既包括图文、语音，又包括短视频、直播，还包括很多创新型的其他内容；既包括其赖以生存和发展的问答内容，又包括在此基础上衍生出来的各种专栏、书店、Live讲座、付费咨询等。作为新媒体、市场营销等相关专业的学生和从业者，我们要通过学习本任务了解社会化问答平台上的内容形态，还要做到掌握创作优质问答内容的基本方法和主要策略，使自己能够在营销实践过程中，通过创作优质的社会化问答内容来达成营销目标。

学习目标

知识目标

了解社会化问答平台的内容和营销形态。

了解社会化问答内容的提问价值。

了解社会化问答内容的回答价值。

能力目标

能够认识社会化平台内容和营销的价值。

能够提出一个好的问题服务于营销、达成营销目标。

能够与平台的多方参与者共创优质问答内容。

任务导入

由于社会化问答营销方式是典型的内容营销，这就对内容本身提出了较高的要求，通过什么方式创作出优质的问答内容，也就成为社会化问答营销关注的重点之一。如果你希望自己能够具备创作优质问答内容的基本能力，并能够不断提升和优化此能力，那么请认真完成本任务的学习，你将在此学会如何提出一个好问题，如何做出一个好回答，如何不断改进自己的提问与回答技巧，从而为社会化问答营销真正发挥其作用并产生良好的营销效果奠定基础。

任务解析

根据社会化问答营销活动的基本顺序和职业教育学习的基本规律，"社会化问答营销的内容创作"任务可以分解为以下三个子任务：

（1）认识社会化问答内容和营销形态。

（2）掌握提出好问题的方法。

（3）掌握做出好回答的方法。

5.1 认识社会化问答内容

5.1.1 社会化问答平台的内容形态

对于任何媒体或平台而言，内容形态无外乎文字、图文、音频、视频等，只不过放在社会化问答平台上来看待这些内容形态的时候，它会有较为明显的平台特色。因此，在学习社会化问答营销的时候，我们需要清楚地把握社会化问答平台的内容形态与其他平台的内容形态之间的异同，以便更好地服务于营销。

总的来看，社会化问答平台上的内容形态主要有如下几种。

1. 问答

毫无疑问，问答是社会化问答平台上最核心也最典型的内容形态，它是社会化问答平台赖以存在的基础。不同于传统的一问一答形式，社会化问答最大的特征就是它可以借助当前流行的社会化网络，以提问和回答为纽带，让更多的用户通过社会化问答平台进行互动和交流，从而产生较大的知识价值、文化价值、社会价值和经济价值。从目前来看，社会化问答平台的主要内容形态依然以文字为主。之所以以文字为主，一方面是由于文字问答的形式比起音频、视频而言，是参与难度相对较小但交互程度相对较高的内容形态；另一方面则是由于相比起其他内容形态，文字的可搜索性更强，有利于用户更加方便地找到自己感兴趣的问题或答案。知乎的问答形态如图5-1所示，微博的问答形态如图5-2所示。

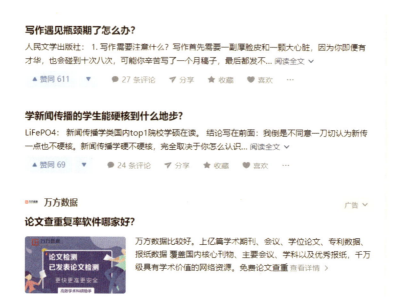

图5-1 知乎的问答形态

图5-2 微博的问答形态

当然，问答平台也在尝试用音频、视频等形态来呈现问答的内容，甚至有些平台还进一步推出了音频、视频形态的付费问答产品，这一方面对产品的内容质量提出了更高的要求，另一方面也对参与者的内容创作能力和制作能力提出了很高的要求。从趋势来看，视频化是社会化问答平台内容升级的重要方向，但升级后的视频类问答将会呈现出什么样的最终形态，目前各方都在探索，尚无定论。

案 例

分答（在行一点）的音频问答

2016年度最引人注目的付费语音问答APP就是分答APP（后来改名为在行一点），它是国内领先的付费语音问答平台，在该平台上，用户能够快速地找到可以给自己提供帮助的那个人，用一分钟时间答疑解惑。这个产品延续了知识传播与分享类APP的方式。不仅是科学家，很多名人和各领域的专家也都参与到分答平台上来。

分答APP 2016年5月15日上线，自上线后，王思聪、李银河、周国平、罗振宇、汪峰、章子怡等众多明星大咖及健康领域、理财领域、职场领域等名人答主在平台上回答各类问题。上线仅42天，就拥有超过1000万的授权用户，付费用户超过100万，33万人开通了答主页面，产生了50万条语音问答，交易总金额超过1800万元，复购率达到43%。分答平台上每日付款笔数超过19万次。

2. 图文

除了最核心的问答形态之外，图文内容也是社会化问答平台内容生态的重要组成部分。图文的内容形态示例如图5-3所示。事实上，图文内容是非常经典的内容形态，不管是图书、报刊、早期的互联网博客，还是今天的微信公众号、头条号等，图文形态的内容没有发生本质的改变。当然，随着移动互联网语境下用户内容消费节奏的加快以及用户注意力趋向碎片化，一篇文章的总体长度以及文章内容中的图文比例的确发生了较大变化。但对于社会化问答平台来说，由于与其他大众化娱乐平台仍然存在着较大区别，因此平台上的文章就目前来看，文字所占的比重依然相对较大，甚至在知乎这类汇聚了大量知识精英的平台上，不乏许多动辄上万字的专业分析文章。事实上，文字比重大的优质回答体现了回答的层次性与专业性，而知乎问答内容的深度、广度和专业度恰恰是其平台吸引力的重要组成部分。

图 5-3　图文内容形态

3. 视频

随着 5G 加速普及，无论是短视频还是长视频，都将进入一个全新的爆发期。在这样的背景下，平台和企业都在思考如何把握视频发展的红利为用户提供更加多元化的内容服务和消费体验。对于社会化问答平台及其内容创作者来说，尽管已经存在文字一键转视频的工具，但真正将平台积累的海量文字形态的问答内容转化为视频形态，仍然存在一定难度。因此，如何根据平台自身定位，在形式和内容等诸多方面引导用户创作差异化的视频产品，就成为当前社会化问答平台面临的现实问题。

> **案 例**
>
> **知乎布局视频赛道**
>
> 2020年五一假期期间，知乎发布视频创作者招募计划，面向全网招募科普人文、电竞游戏、科技数码、生活娱乐等领域的视频创作者。知乎表示，未来将重点扶持优质或潜力视频创作者，打造业内有影响力的视频 IP。
>
> 知乎也推出一系列视频创作者扶持策略，一方面，知乎将为入选招募计划的创作者提供亿级曝光流量资源，凡报名该招募计划并通过审核的创作者，可获得两个月的新人扶持资源包，以及每周额外的推荐机会。另一方面，知乎将构建视频内容评估体系，通过视频新人月榜、视频创作现金与津贴激励等运营手段扶持创作者成长。未来，知乎平台还会不断改版，并设置单独的视频内容入口。

4. 其他形态

社会化问答平台上的内容还可以通过音频、直播、虚拟现实（VR）乃至更加丰富多元的形态呈现，例如知乎Live或知乎直播等。事实上，无论是什么样的内容形态，都只是向用户呈现内容的某种载体，都需要创作者认真思考如何结合内容本身的特性，为用户提供更加个性化、差异化的内容体验，这也是5G时代的社会化问答平台进行内容升级的重要议题。

图文、视频、直播的优劣势比较如表5-1所示。

表5-1 图文、视频、直播的优劣势比较表

内容形态	优势	劣势
图文内容	思维清晰，逻辑严谨，线性阅读，图文并茂，启发思考，说服力强	要求用户具备一定的读写能力和深度思考能力，用户的理解门槛相对较高，静态图文不够生动形象
视频内容	代入感强，融合了音频、图文等形态；感染性强，生动形象，受众面广，参与门槛低	用画面和情绪感染用户，而不是用理性和逻辑说服用户，优质的视频内容要求较强的制作能力

（续）

内容形态	优势	劣势
直播内容	即时性强，用户可以在第一时间获得最新鲜的信息；互动性强，主播和用户可以实时在线互动	优质的直播内容对脚本的要求较高，直播过程中容易发生各种意外、突发事故等

案 例

知乎 Live

知乎 Live 是知乎推出的实时语音问答互动产品。在这里，用户不仅可以参与直播互动，进行回看回听，随时随地、方便快捷地获取来自行业专家或一线从业者的知识、经验和见解，也可以申请成为主讲人，只需要一部移动设备，就可以轻松通过语音、图片、文字、视频等形式分享专业有趣的信息，并与听众实时互动，为他们答疑解惑，带来优质的知识分享体验的同时，获得相应的收益。知乎 Live 界面如图 5-4 所示。

图 5-4 知乎 Live 界面

5.1.2　社会化问答平台的营销形态

社会化问答平台的营销形态与平台上的内容形态是相互契合的,内容形态是营销形态发展的基础,营销形态是内容形态的价值进行商业化的体现。尤其是当我们将社会化问答营销视为一种内容营销的时候,它与平台的内容形态联系就会更加紧密。与此同时,我们也要非常清楚地认识到,社会化问答平台上的营销形式,与当前流行的各类互联网营销形式之间,既存在着很多共同之处,也有各自的差异化特征。

1. 流量入口

对于营销来说,流量入口在哪里,营销机会就在哪里。因此,清晰地把握流量入口有助于营销者更好地进行营销的整体策划和生产内容创意,最终实现营销内容的精准投放。

具体来看,社会化问答营销平台的流量入口主要有以下几类(如图 5-5 所示)。

图 5-5　社会化问答平台的主要流量入口

(1)开屏:几乎所有的移动应用程序在用户点击启动后,都需要经历一个短暂的启动过程,这个过程中,用户的注意力会相对比较集中地聚焦在开屏页面上，因此开屏广告是各类移动应用上的一种典型广告。

（2）**首页**：用户开启一款移动应用之后，首先呈现在所有用户面前的这个界面就是它的首页，用户会在首页短暂停留或下拉浏览，因此，首页是非常重要的流量入口，如何在首页进行有效的营销，也值得营销者认真思考。

（3）**搜索**：当用户需求比较明确的时候，他们会选择使用搜索工具，输入自己想要搜寻的对象或关键词，获取相应的解答，这时候的内容场景和需求场景就会比较具体，因此流量本身也会比较精准。

（4）**热榜**：当用户需求不那么明确的时候，他们通常倾向于选择系统推荐内容或热榜内容、热门内容来"随便看看"。事实上，无论是热门推荐还是热榜内容，都是结合了该内容具体的数据表现以及平台基本的价值判断而形成的平台推荐机制。这类内容中的大部分都能获得不错的流量。

（5）**内页**：当用户点开一则问答、一篇图文或者一段短视频内容的时候，他就进入了具体的内容页面，与搜索类似，这时候的流量是比较精准的流量。

2. 广告样式

基于社会化问答平台的主要内容形态和主要流量入口，除了问答营销这一主要样式外，社会化问答平台也有多种与其他平台类似的广告样式，如图5-6所示。

（1）**开屏广告（静态或动态）**：社会化问答平台的开屏广告与其他移动应用的开屏广告并没有本质差别，以品牌形象的展示为主，可以是静态的也可以是动态的，点击可跳转链接。

（2）**首页广告（多种形态）**：主要是指在首页弹出的全屏/非全屏、动态/静态、图文/动画等形式的广告，既可以是品牌形象的展示，又可以是对各类活动或促销的宣传，点击可跳转链接。

（3）**搜索广告**：与典型的搜索引擎广告相似，社会化问答平台的搜索营销也可以通过购买关键词、程序化投放等方式来实现，将营销信息在搜索结果中呈现给用户。

图 5-6 社会化问答平台的主要广告样式

（4）信息流广告：在推荐页、热榜页或者其他信息流页面中，都可以有特定的或随机的位置用来投放广告信息。

受众定向

受众定向，也可以称为人群定向（Audience Targeting），即通过对用户行为数据的分析，找出潜在目标客群的共同行为特征，选择适合的媒体将广告投放给具有共同行为特征的受众，以节省广告成本、提高广告效果。

简言之，就是把对应的广告展示给对应的人。例如，一个人喜欢汽车，则在他浏览网页时，我们应该尽可能地在页面中插入汽车广告，而不是婴幼儿产品的广告。当前的信息流广告是一种典型的受众定向广告。

问答营销：总的来看，前述几类广告样式基本上算是传统网络广告在社会化问答平台营销行为中的应用，尽管它们在一定程度上略带一点社会化问答平台的色彩，但与其他各类平台上的广告呈现并无本质差异。问答营销的营销方式则是社会化问答平台的独有模式，它主要是指紧密结合社会化问答内容而展开的包含营销信息的内容创作、流通和变现的模式及策略，这其中可以包含一定比例的广告，但更重要的却是优质内容本身。

因此，尽管本书也会涉及社会化问答平台上的传统营销或广告形式，但关注的重点还是基于问答这一核心内容形态的营销策略。

当前，社会化问答营销以其内容为本、场景清晰、流量精准、需求明确、转化效果明显、兼顾长期品牌构建和短期销售等特征，获得了广大营销机构和广告主的青睐，正在成为各类企业开展互联网营销活动时的一个必选项。

5.2 掌握提出好问题的方法

5.2.1 提问的营销价值和作用

每个人对外部世界的认知都是有限的，因此，面对这个无限世界每天产生的新事物、每天发生的新事件，我们会不由自主地提出各种各样的问题。这里笔者对问题不做有针对性的详细拆解，而是聚焦于问题本身的营销价值，也就是探讨用户（或消费者）提出的各种各样的问题中包含哪些具体的营销机会。事实上，无论用户提出什么样的问题，都说明用户在生活、工作、学习等过程中遇到了疑惑、麻烦或有亟待解决的现实困难。因此，在用户每一次具体的提问中，都包含着或多或少的营销价值。

1. 寻找明确答案

用户提出的问题当中，初级层次的问题是有较为明确、较为具体的答案的。例如，为什么物体会往下掉落？离朝阳大悦城最近的麦当劳在什么地方？什么时间去坝上草原旅游最合适？当用户提出此类问题的时候，他的心中已经有某种相对比较成熟的消费意向，如果此时营销者针对这些潜在用户再进行一些合理的营销，例如提供限时折扣、优惠促销或增值服务等，营销活动就极有可能形成现实的消费转化。

2. 寻找技能提升

有些用户想要提升自己在某些方面的技能技巧，因此他们也会提出与之相关的问题，精明的营销者必须能够识别这些问题背后的潜在需求，以及其中有可能蕴含的与自身商品或服务密切相关的营销机会。例如，用户会问30岁之后再学习英语还来得及吗？这时候，用户并不仅仅只是想要得到一个是或否的回答，从更深层次的需求来看，用户的内心已经产生了想要学习英语的冲动，但还不够坚定，这时候营销者应该告诉他，有一款免费的软件，或者有一家价格合理的英语培训机构，能够帮助30岁以后的用户快速提高英语口语水平和阅读能力。

3. 寻求解决方案

有些时候用户并不是想学习什么原理或者技能，他们只不过是遇到了实实在在的麻烦，这时候用户迫切需要的并不是长篇大论的原理解释，而是立竿见影的问题解决方案，也就是说，用户此时不怎么关注"为什么"，他更关注的是"怎么办"。比如，有用户提问军训的时候脚上出汗、磨泡怎么办？有人告诉他们，一个小妙招，可以把卫生巾垫在鞋子里，它的厚度很合适、柔软不伤脚、吸汗能力好。这类问题中因为用户的痛点比较明确，因此他们更关注的是什么商品或服务能够为他提供完美的解决方案。

4. 寻求认知更新

每个用户对于整个世界或具体人物、事物的了解和认识都是不完整的，甚至有时候还有着非常明显的偏见，但每个用户都希望自己是一个理性的、客观的、公正的人，然而很多人并不希望（或者说并不想承认）自己的思维和认知的形成或改变是因别人的说服而发生的。那么用户自己所谓的"理性"又是怎么形成的呢？非常重要的一个来源就是用户在社会化问答平台上进行提问并阅读各种回答。比如，用户会提问奥迪Q7与宝马X5应该怎么选？二者的优劣各有哪些？因为自己本身并不专业，所以在看完专业的深度回答之后，用户就会觉得自己对二者有了更加全面理性的认识。但事实上，用户的这种认知的更新过程，依然是受到了明显的外部因素的影响，只不过用户自己会认为这些因素比起单纯的广告或者推销来说，具备更高的可信度。

5.2.2 提出好问题的方法

从社会化问答内容的发散机制来看，一条优质的问答内容并不像一篇公众号图文或者一段短视频那样，在发布后的一两天甚至三五个小时之内就能快速成为爆款内容，恰恰相反，大部分优质的问答内容都是在经历了一段时间的逐步发酵和扩散之后才成为了问答平台上的长效高热问答。而提问作为内容扩散流程的起点，其重要程度是不言而喻的。甚至有的时候，一个好的提问比答案本身还要重要（如图 5-7 所示）。

图 5-7 社会化问答内容的发散机制

下面我们以知乎为例，分析如何在知乎上提出好的问题。

1. 基本路径：把问题说清楚

这里介绍一个最基本的能够把问题讲清楚的方法，即 5W1H3V 法。

具体来看，5W1H 是指：Who（谁）、When（什么时候）、Where（在哪里）、What（做什么）、Why（为什么）、How（怎样）。

在书面写作中，5W1H 能够很好地将一个事件、一个物品描绘清楚。同理，在提问中，它不仅能够细致全面地让对方了解你的问题，同时也能够用在回答中来展现回答者的条理性。

而 3V 则是指：Vision（愿景）：一个人希望达到的状态、真正渴望得到的东西；Value（价值）：一个人在判断事物时所体现的个人价值观；Vocabulary（常用语）：一个人在平时对话中的常用语。

5W1H 负责将提问完整、全面、有条理地表达出来，而 3V 则负责使提问者的问题直击用户，引发他们的好奇、兴趣、共鸣或者期待。

例如，用户是一个处于事业瓶颈期的职场人，他可能会这样问：我要具备什么样的技能或者能力，才能让自己在 5 年内达到年薪 100 万元（what+vision）？如何能够在工作中体会到快乐（how+value）？

2. 提升路径：典型的提问方式

对于普通用户而言，能够把一个问题讲清楚，是最基本的要求。但是对于从事社会化问答营销的人来说，光讲清楚问题还不够，还需要让自己提出的问题符合不同平台的风格，只有这样，这些问题才能够吸引不同平台用户的兴趣。知乎作为典型的社会化问答平台，其平台上的很多提问方式已经成为风靡整个互联网世界的提问方式，因此，笔者下面来重点介绍几种典型的知乎范儿提问方式，如图 5-8 所示。

方式一：这是一种比较传统的知乎范儿提问方式，那就是"……是一种什么样的体验？"这种提问方式暗含了一个逻辑，即：并不是所有人都有这类经历，但大家又渴望通过别人的回答了解这种经历。

图 5-8　典型的知乎范儿提问方式

方式二：这是一种相对比较稳妥且不会犯错误的提问方式，通过它，用户可以直接表明自己的主要需求，那就是"什么……质量好又放心？"用户都有一种好奇心，他们想知道自己的判断与别人的判断是否一致。

方式三：这是一种以硬核知识分享、技能分享或经验教训分享为目的的提问方式，那就是"有哪些……技巧？"这类问题所面向的用户群体比较明确，比如"有哪些关于化妆护肤方面的实用技巧?"这一问题吸引的用户群体大部分是对护肤话题比较感兴趣的女性。

方式四:这是一种通过对比来提问的方式,那就是"A还是B?"这个问题给了用户不同的两种选项,能够引发用户的好奇心,使其想要看个究竟。

方式五:这是一种没有标准答案的提问方式,答案见仁见智,但同样能够吸引用户的兴趣,那就是"你最……的事情/产品/人是什么?"尽管每个人关于这个"最"的看法截然不同,甚至有天壤之别,但是大家都会对别人心中之"最"产生好奇。

方式六:这是一种脑洞大开的提问方式,这些问题各色各样、千奇百怪、无厘头但又充满趣味,如图5-9所示。用户在问答平台上总是会想要了解一些从来没有听说过甚至也不可能会发生的新奇事情,有时候他们也会想象出一些很怪异的问题。

既然癌细胞是无限增殖的,为什么不能用于制造肉制品?

如果地球上的碳元素全部上升到生物圈变成各种生物会怎么样?

给蛇打个结,蛇能自己解开吗?

如果把没安电池的手机放在蒸馏水里然后晾干手机会坏掉吗?

为什么要在冰箱里安装一盏灯?如何面对那盏你一开门就为你亮起的灯?

如果地球是立方体的且稳定存在,我们的生活会发生怎样的变化?

皮卡丘的语言词汇量这么少如何表意?

如果蚊子都变成吸脂肪,世界会变成怎样?

如果蟑螂拥有与人类等同的智商,那么它们怎样才能取代人类成为地球的统治者?

像海豚性欲那么强的动物,会对人类产生欲望吗?

有哪些有趣的「最弱异能」?

如果拥有了在现实中存档读档的能力,应该如何征服世界?

如果有一天我变成了一只猫,没办法说话也不能做出超出猫能力的动作,该如何最快地向人类证明我其实是人?

图5-9 知乎上的脑洞大开的问题

5.3 掌握做出好回答的方法

5.3.1 回答的营销价值和作用

在社会化问答平台上,什么样的回答才算是好的回答呢?从最基本的要求来看,好的回答应该包括三点:①尽可能准确通俗地解答提问者的问题;②对问题及答案涉及的知识进行适度的延伸;③能让提问者、回答者及其他用户产生新的思考,乃至提升他们的认知、改变他们的行为。

但是,仅仅具备这三个特点还不够,它还需要具备能够影响用户消费决策的能力,也就是说,好的回答能够引起用户的注意,并以润物细无声的方式改变用户的认知、促使用户做出购买决策。

因此,想要做好问答营销,就必须清晰地把握提问和回答的营销价值。上文已经详细介绍了提问的营销价值,与之相对应,回答的营销价值主要体现在以下几点。

1. 给出答案

用户得到了自己想要的明确答案,不但如此,用户还获知了与答案相关的具体产品或服务,并对它们产生了兴趣。

2. 提升技能

用户掌握了提升技能的具体方法和工具,同时他们也知道了更加系统、更加全面、更加快速地提升这些技能的付费工具或机构。用户可能暂时没有此类需求，但日后一旦有相关需求，他们会第一时间回忆起这些工具或机构，或者会回到社会化问答平台再次搜索当初的那个回答，并从中找到相应的产品或服务。

3. 解决痛点

答案中直接给出了能够解决用户现实痛点的具体产品、工具或服务，在这些产品功能、价格、外观、售后等一系列要素都比较符合用户心理预期的情况下，他们的需求很快就能够转化为现实的购买行为。

4. 改变认知

好的回答会紧紧围绕用户生活中方方面面的现实问题进行讨论，由于对这些问题的讨论来自不同领域、拥有不同视角的答主，因此好的回答能完善用户对某些问题的认知，甚至在一定程度上改变他们既有的观点看法。

5.3.2 如何选择问题进行回答

和提问一样，回答是知乎的另一个基础功能。知乎积累了成千上万个不同领域、不同层次的好问题，而每位用户都可以自由选择感兴趣的问题，通过写回答来分享自己的知识、经验和见解。添加一个回答其实非常简单。在问题页面，点击"写回答"即可，如图5-10所示。

图5-10 知乎平台的"写回答"选项

输出高质量回答内容的前提是要选择一个好的问题,何为好的问题?相对来说,有一定热度的问题就是好的问题,问题的关键词有人搜索就是好的问题,符合个人人设定定位且与个人擅长的领域相关的问题就是好的问题。

大家可以通过以下几种相对较为简单的策略对问题进行筛选并作答(如图 5-11 所示):

(1)话题讨论热烈的问题。

(2)搜索关键词找到关注人数多的问题。

(3)热榜上有关于个人擅长领域的问题。

1 什么才算是好的问题?

做知乎的目的是引流:**切合自己擅长的领域,又具有高曝光、高话题性的问题,才算得上一个好的问题。**

2 如何筛选出好的问题?

(1)跟进现在知乎的红利·热榜和视频。
(2)一些高关注的垂直领域话题。
(3)某些关键词下排名较高的问题。

3 几个关注点

问题对应的话题关注人数、浏览量

问题本身的关注人数、浏览量

问题日志: 问题是否曾经上过热榜,是否为长期热榜内容、问题近期浏览量增长

图 5-11 如何选择好的问题进行回答

在选择具体问题回答前,也可以先观察排名高的回答有没有人点赞,如果有人点赞,就说明这个问题的确有人看,那么就可以准备内容回答这个问题了。但在这时候,还有一些细节需要注意。

1. 不要随随便便什么问题都回答

任何个人或组织的注意力和能力都是有限的,这个世界上的"多面手"和"万金油"终归只是少数,大部分个人和组织都需要给自己打造一个相对

聚焦、垂直的人设。在特定领域的回答频率越高、内容越充实、叙述越详尽，回答者就可以收获越多的点赞、收藏和感谢。久而久之，账号在这个领域的权重就越高，用户人设就会越清晰、粉丝就会越精准、商业价值就会越明显。

定位

所谓定位，就是让品牌在顾客的心智阶梯中占据最有利的位置，使品牌成为某个类别或某种特性的代表品牌。这样当顾客产生相关需求时，便会将该品牌作为首选，也就是说，这个品牌占据了这个定位。定位理论的创始人是美国著名营销大师艾·里斯（Al Ries）及其当时公司的合伙人杰克·特劳特（Jack Trout）。杰克·特劳特先生加入RIES公司后，于1969年为这个理论命名"positioning"，由此开创了营销理论全面创新的时代。2001年，定位理论压倒菲利普·科特勒、迈克尔·波特，被美国营销协会评为"有史以来对美国营销影响最大的观念"。

在用户注意力碎片化的移动互联网时代，定位理论依然有着巨大的影响力，每个个人和每个组织，都需要用定位理论来指导自身在信息泛滥的语境下找到最合适的具体身份和角色标签，以占领用户心智。

2. 辩证看待热度问题或热榜问题

有些热度很高的问题或近期上了热榜的问题，在很大程度上能够吸引更多的流量，选择这样的问题进行回答，貌似有一定的流量保障，但也需要客观、辩证地去看待热度高的情况，尤其是要认真分析自己的回答能否在众多的回答中脱颖而出。

这时候回答者需要研究以下几个具体方面：①这个问题是否具备变得更热的潜质；②这个问题目前的回答数有多少，如果已经有了成百上千的回答，这时候就需要慎重考虑自己的回答能不能突出重围；③这个问题的关注人数够不够多，有时候，热榜问题并不等于高热度问题。此外，有经验的答主通常会建议新手答主选择那些关注人数超过 1000 但回答数量不足 200 的问题，这意味着新增加的回答能够相对容易地获得一定的初始流量；也有些答主建议新手有选择地回答最高点赞数不超过 200 个或者点赞排名第二位不超过 100 个赞的高潜力问题，因为回答这类问题也能较为容易地获得流量。当然，这些建议都是相对的，回答者需要结合自身实际情况进行判断。

3. 努力寻找并发现那些有潜力的问题

每天问答平台上都会出现很多新问题，这些问题中有一部分是有潜力成长为高流量问题的。创作者可以在系统推荐的新问题中对符合自身定位且感兴趣、预判能变热的问题持续关注一段时间，也可以通过搜索话题的方式查看话题下面的相关感兴趣的问题，并留意问题的创建时间、回答数以及浏览量。另外，与问题相关垂直领域的知乎优秀创作者是否对该问题进行了选择，也能够反映这个问题的回答价值。当然，这也需要辩证地看待：高权重的优秀创作者回答了这个问题，一方面能够说明这个问题有回答的价值，有变热的可能性，另一方面也考验我们自己的回答质量是不是能够比这些优秀创作者的回答还要好。

5.3.3 如何写出好回答

在问答平台上，对优质回答的基本要求是专业可信赖，对回答者的基本要求则是能够把事情讲清楚。尽管社会化问答的形式有点像日常对话，但当用户真正开始写一个回答的时候就会发现，它依然需要一个书面表达的逻辑，而不是口头交流的逻辑，而且，用户还要在写答案的同时选择多样化的专业资料和实际案例来支撑自己的观点。所以，问答平台上很多好的答案，看上去轻轻松松，但实际上下的功夫必然不少。

下面是知乎用户"凡尔礼"对于"怎样在知乎写出高质量的答案？"

这个问题的回答，他说，"我觉得一个高质量的答案包括以下几个方面，但不要求面面俱到：①素材充足且具有独特性；②论证过程认真，条理清晰；③最好能有自己的亲身经历；④知道如何将配图发挥出最大作用；⑤在观点相似的情况下，以独特角度切入；⑥具有一定的写作功底，风格多样，可温情、可搞笑、可散文诗、可小故事。"

用户 Velynne 通过分析知乎全站超过十万赞的文章样本，得出优质的回答应该具备以下几点特征：①整理类的文章，比如带有"top10""最XXX""必备的"等这一类词；②适量使用图片；③大多数作者都会修改答案，最多有修改几十次的；④有的答案的收藏数比点赞数还多；⑤答主通常有很高的信誉度（高关注、话题认证、知乎作者）。

当然，关于"怎样在知乎写出高质量的答案？"的回答有130多条，大家有兴趣可以去搜索并查看相应的回答。但总的来看，优质的回答大都具备很多相同的特征，也都可以采用相似的写法来展开。而且很多时候，不同的写作手法之间是相通的。

以知乎为例，用户在回答问题的过程中，要适当注意如下几个问题。

1. 如何自问自答

如果有一个好的回答，但是知乎上并没有相关的问题，那么自问自答也是可以的，这样做并不违反知乎社区规范。但是以下几种自问自答的情况是不被鼓励的：①已有相关问题，再来通过新的提问放上自己的答案；②答非所问，自己提的问题和回答并不相符；③编造问题描述，自导自演制造噱头。

2. 如何修改与删除回答

知乎的回答支持随时修改。在网页（web）端回答的末尾，可以找到修改按钮；在APP端的回答页面底部，也可以找到修改回答按钮。当然，用户还可以在相应的位置找到删除回答的按钮，可随时删除自己的回答，删除后的回答并非永久消失，用户还可以随时恢复已经删除了的回答。需要注意的是，如果用户对之前的回答不满意，想要推倒重写，则可以使用修改功能，因为在回答被自行删除后，用户无法添加新的回答，只能先恢复被删除的内容，再进行修改。

3. 在同一个问题下的回答如何排序

如果在同一个问题下有多个回答，那就存在排序问题。知乎的默认排序是按照回答获得的赞同与反对数量以及赞同与反对的权重进行排序，收藏、评论等交互操作不会影响该回答的排序。简单来说，获得赞同会使回答的排序上升，获得反对则会下降。但由于反对数并不显示，也不会抵消获得的赞同数，因此在默认排序下，存在低赞同比高赞同回答靠前的情况，这属于正常现象。问题添加的话题决定了问题归属的领域，在该领域内创作过优秀内容的用户，他们的赞同和反对会有更高的权重。

4. 如何对回答表达认同或反对

用户无法给自己的回答点赞，赞同、反对、喜欢和举报的操作，只能对其他用户的内容使用。如果遇到其他用户的好回答，可以通过赞同、收藏和喜欢表达认可，也可以通过评论与回答者进行友善讨论。发出赞同、喜欢等鼓励行为，回答者会收到通知；赞同和收藏行为会产生动态。如果用户在问题下启用匿名，此时赞同该问题下的回答将不会产生动态。在发给回答者的通知中，也不会展示用户名，而是替代展示为知乎用户。

5.3.4 如何在回答中融入营销要素

当你能够把回答描述清楚，并且能够按照不同问答平台上的回答套路来回答相应问题的时候，接下来就需要更进一步考虑如何在回答中有机地融入营销要素。事实上，无论对于个人号还是机构号，都有必要认真思考自己所回答的内容怎么才能够更好地跟品牌形象、营销活动或私域流量运营进行有效的结合。

大体来看，融入营销元素的回答需要遵循以下几个要点：

方法一：明确用户群体。很多随机性提问通常都是先有一个问题，然后根据这个问题的内容、属性和基本特征来判断它大致会吸引什么样的群体关注和讨论，并能在具备了一定规模的流量之后吸引广告主的营销投放。但对于那些想要积累内容资产的个人号和机构号而言，在选择一个好的问题并且准备对它进行回答之前就应该非常清晰地问自己：我回答的这个问题是给谁看的？这个问题以及我对这个问题的回答可以与我的品牌/哪类品牌进行怎样的连接？例如，做幼儿英语教育的机构，不要去回答"怎样快速教4岁孩子学会加减法？"这样的问题。

方法二：把握需求痛点。能让用户感同身受的问题才是好问题，用户亟待解决的问题才是好问题，用户充满好奇的问题才是好问题，因此，回答者在回答问题的时候要多问问自己：我瞄准的这类用户面临着什么样的困惑或困境？他们最想知道的是什么？我通过回答这个问题能为他们提供什么样的解决方案？我在回答中涉及的产品和服务能够切实解决用户的这些问题吗？

方法三：分析具体场景。一个提问和回答看似简单，其背后却包含着丰富的用户场景，这些场景既包括用户的需求场景和使用场景，也包括用户的内容场景和消费场景，回答者只有非常清楚用户场景，才能更加清晰自己应该选择什么样的问题进行回答，应该怎样更好地进行回答。例如对于用户的购车决策，首先，其需求场景和使用场景大致可以分为家用和商务，而家用场景又可以分为个人、情侣（夫妻）及三口之家、三代之家等场景，用户在社会化问答平台上搜索、提问或浏览相关回答的目的主要是为了获得更全面的认知、更客观的评价和更中肯的建议，他的消费场景并不在线上，而是在线下。这时候回答者就可以选择诸如"有什么性价比非常高的车适合一家三口日常使用？"这样的问题，而在后面的回答中插入预约试驾的链接。

方法四：找准关联方式。很多时候，选择回答什么样的问题时就已经决定了我们融入营销要素的方式，这时候，我们要考虑好营销与回答之间应该怎样进行更好的关联。大体来看，关联的方式无外乎两种，一种是直接关联，另一种是间接关联。直接关联的方式主要是指在回答中直接出现产品或品牌的名称，例如在回答"有哪些非常节省空间的实用家具？"这样的问题的时候，就完全可以在回答中直接给出相关的品牌或产品；而间接关联的方式主要是指回答中并不涉及具体的产品或品牌，但可以通过链接或其他方式引导用户点击跳转到具体的落地页面再详细展示相关产品。无论哪种方式，回答者都要考虑营销要素与自己的回答应有机融合，不能太过突兀。

实训作业

1. 选择一个你喜欢的品牌，在知乎上提出3~5个与此品牌具有一定相关性的问题。
2. 在知乎上选择3~5个关注人数超过2000且回答数低于300的问题，分别给出不低于500字的具体回答，尝试着在回答中添加好物推荐卡片，并跟踪阅读效果和转化效果。
3. 在知乎上发布1~3条视频内容。

第6章

社会化问答平台的内容分发与流通

任务描述

社会化问答营销的内容除了生产环节和创作环节之外,还有一个非常重要的环节就是内容的分发与流通。人们经常说渠道为王或者平台为王,原因之一就在于,渠道或平台对于产品的流通和内容的流通起到了至关重要的作用。当然,随着媒体技术和媒体形式的演进,内容分发与流通的方式也在不断发生新的变化。想要在营销活动中用好社会化问答媒体或平台服务,就必须要了解社会化问答平台上的内容流通机制和规则,并在此基础上改进自身的内容创作和内容分发的方式。作为新媒体、市场营销等相关专业的学生和从业者,我们要通过本任务,了解当下内容分发与流通的主要方式和基本理念,熟悉典型的社会化问答平台的内容分发和流通逻辑,掌握内容在社会化问答平台的流通方式,学会运用相关工具加速内容的分发与流通,从而使自己在实践过程中,能够较好地完成内容在社会化问答平台上的分发与流通。

学习目标

知识目标

了解内容分发与流通的主要方式。

了解社会化问答平台的内容流通机制。

了解社会化问答平台的内容加速流通策略。

能力目标

能够把握社会化问答平台的内容分发算法。

能够掌握提升内容流通的基本技巧。

能够运用平台提供的工具加速内容的流通。

任务导入

社会化问答营销是典型的内容营销，内容营销的成功除了建立在优秀的内容创作能力的基础上，还对内容的分发与流通有着较高的依赖性。优质的内容只有在更广的范围内获得更顺畅的流通，才能更好地发挥其传播力、影响力和营销力。因此，在社会化问答营销的实践过程中，我们不仅仅要关注内容的创作，也要重视内容的流通，通过促进内容的流通来实现商业价值的转化。如果你希望自己能够掌握内容流通的技巧、方法和工具来为商业变现的转化赋能，那么请认真完成本任务，你将在此理解社会化问答平台的内容分发和流通逻辑、原理和机制，学会提升内容流通的技巧、方式和策略，掌握内容流通的加速方法和工具，从而更好地激活自己前期创作的问答内容。

任务解析

根据社会化问答营销活动的基本顺序和职业教育学习的基本规律，"社会化问答营销的内容分发与流通"任务可以分解为以下三个子任务：

（1）明晰内容的分发逻辑。

（2）熟悉内容的流通场景。

（3）掌握内容的加速流通方法。

6.1 认识内容的分发逻辑

6.1.1 主要的内容分发模式及其异同

关于内容的分发、流通机制，闫泽华曾经在其《内容算法》一书中抛出过这样的个人结论：

编辑（中心人工主导）分发、算法（机器主导）分发、社交（离散人工主导）分发各有千秋。内容分发服务追求的是分发所能触及的这一远景，为了达成这一远景，就需要探寻每一种分发更适合的应用场景，而不是要在"剑宗"和"气宗"之间争个高下。

闫老师的这个观点具有很强的启发意义。对于不同的内容产品，因为它的用户使用场景存在较大的差异，其内容分发策略及推荐算法也会因此而大相径庭。

关于内容的几种分发方式，本书整理了编辑分发、算法分发和社交分发三种内容分发机制的定义、优势和劣势，如表6-1所示：

表6-1 不同内容分发方式的优劣对照表

分发策略	定义	优势	劣势
编辑分发	由专业的内容生产人员和内容编辑人员来决定用户可以看到什么样的内容，比如传统媒体	借助专业的背景知识完成从海量内容到有限展示位置的过滤和筛选。经过筛选的内容，其平均质量相对较高；出现违规内容和虚假内容的概率相对较小	基于编辑或专家判断的分发难免会出现偏差，精英主义和家长主义的内容筛选视角会导致内容的过滤不是以用户需求为导向
算法分发	把分发的权利让渡给机器，由算法来分析用户的兴趣和偏好，然后推送相关内容，比如今日头条	如图6-1所示，算法分发引入了机器推荐算法的分发系统，由于达到了千人千面的效果，展示位数量得到了大量的扩展，内容推荐的个性化更强。用户更容易获得更精准的感兴趣的内容；内容匹配的效率进一步提升，比社交分发更具实时性	容易导致信息茧房效应，内容把控成本更大，算法的局限性在于不能很好地判断内容质量如何，并且推荐的内容量越大，需要人工审核的成本就越高。既要避免人工直接干预算法，又要保证编辑始终在扮演着"纠偏"的角色
社交分发	基于社交关系链机制进行的内容分发，用户关注的对象决定其能看到什么内容，比如微信的看一看	如图6-2所示，社交分发的好处是通过朋友认识到世界的多样性，而不是永远陷在自己单一的喜好中；用户的关系链基于内容建立，同时也反作用于关系链；基于朋友感兴趣的内容，用户之间更容易产生互动，从而加强了关系链；单条内容的影响力更容易被社交关系放大	社交分发的缺点是不可避免地会打上社交的烙印，用户可能会推荐一些强化其人设的内容；社交压力大，尤其对于熟人社交产品更是如此；受从众心理的影响，以讹传讹，谣言扩散也更容易

针对三种内容分发或推荐方式进行比较之后，我们就会非常清楚地看到，任何一种推荐方式都不是完美的，它们有着各自的利弊。所以，在《内容算法》这本书中，作者认为一个内容产品在系统中的得分可以表示为下列公式：

内容得分 = a× 编辑因素 + b× 社交因素 + c× 模型因素

在这个公式中，各种权重的调节完全是由平台的价值导向决定的。

我们可以利用这个公式来对照不同平台的不同内容推荐机制。以微信为例，在微信的内容消费场景之下，社交关系对于用户的影响有着绝对主导的优势地位。事实也证明，无论是朋友圈、看一看，还是公众号、视频号，都遵循着社交分发为主导的逻辑。

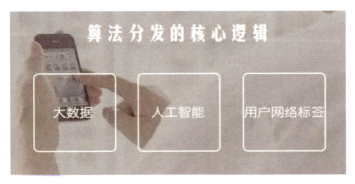

图 6-1　算法分发的核心逻辑

图 6-2　社交分发的核心逻辑

那么，在不同的平台，什么样的内容更容易被推荐成为爆款呢？简单总结就是：

（1）用户的社交关系中的好友喜欢什么样的内容？

（2）机器更喜欢推荐什么样的内容？

（3）不同平台的管理团队和算法团队希望创作者生产什么样的内容？

创作者从以上三个角度出发进行创作，这样创作的方向既不会跑偏，内容也更容易被推荐。

6.1.2　社会化问答平台的问答排序逻辑

在了解上述主要内容分发的逻辑之后，我们再来看社会化问答平台的内容分发机制。虽然内容分发机制的基本逻辑依然高度重视基于社交关系的内容分发、推荐和流通，但认真研究其分发逻辑就会发现，它远远比简单的朋友圈转发、视频号点赞、抖音个性化推荐等给予流量逻辑的分发方式要复杂很多。

对于社会化问答平台上典型的问答内容来说，它最大的特征就是同一个问题下面会有成百上千甚至更多的用户回答，平台既需要向用户推荐优质的问题，更要重视同一个问题下的不同回答内容应该按照怎样的逻辑或机制进行排序。而这种排序，绝不能以简单的字数多少、回答时间先后或者浏览数量等初级指标作为全部的衡量标准，它还必须通过更多的维度把最优质的问答内容筛选出来推荐给用户。

这时候就必然涉及成百上千的回答如何排序的问题。想要让自己的回答内容分发给更多的用户，就必须了解清楚问答平台的排序算法和机制。接下来，我们来了解一下典型的社会化问答平台知乎的排序算法——威尔逊算法。

> **案　例**
>
> **知乎回答的排序算法**
>
> 威尔逊算法（Wilson Score）主要用于质量排序，数据含有好评和差评，会综合考虑评论数与好评率，得分越高，代表质量越高。
>
> 总的来看，威尔逊算法是一个简单且强大、但是价值还没有被充分发掘的算法。至今，世界范围内应用这个算法的著名网站除了知乎，仍寥寥无几。近几年一些应用较广的开源库支持威尔逊算法，关于它的讨论似乎也在逐渐增加。当然，使用威尔逊算法来决定排序也并非完美。不同的回答获得投票的能力不同，这一点受很多因素影响，包括作者的文风、内容是否属于专业领域等。这些差异目前还没有在算

法中得到全部的体现。

由于威尔逊算法的公式相对比较复杂，这里笔者再结合威尔逊算法进行简化的表述，也就是说，知乎在设计回答排序算法时，遵循了以下原则：

（1）所有用户看到的排序是相同的。
（2）获得赞同会使回答的排序上升，获得反对则会下降。
（3）在某个领域（话题）下的优质回答会提高用户在该领域下的投票权重。
（4）某个领域下高权重用户的投票对排序有更大影响，他们的回答排序也会更靠前。
（5）使用匿名身份投票或答题时，不会计算用户的权重。
（6）回答并非单纯按照投票数量由多到少进行排序。
（7）由于反对票并不显示在页面上，不同用户的投票对于排序也有不同的影响，因此出现低票数回答在前，高票数回答在后的情况是正常的。

6.1.3　社会化问答平台上的内容流通逻辑

当我们理解了问答排序的逻辑之后，作为创作者就会明白，想要获得更好的内容流通数据，就必须要在内容本身下功夫，不断产出高质量的问答内容。只有这样，才会提升账号的权重，回答的内容排名才会越来越靠前，从而进一步获取更多的阅读量、点赞量、喜欢量、收藏量，提升自己的内容产品被推荐和流通的能力。

因此，内容创作者要清楚地根据账号的权重来决定选择回答什么类型的问题，以便更好地提升账号回答的流通能力。比如，XX账号是一个新号，没有什么权重，这样的账号去回答热门话题，根本没有任何优势。也正因此，权重低的账号在选择热门话题的时候要辩证地看待。

> **案　例**

权重较低的账号如何提升内容曝光

新手如何提高知乎账号内容的阅读量和点赞量？针对这个问题，我们综合了知乎用户的一些解答：

(1) 定位准确。清晰自己的用户群体是谁，针对这些人，选择他们关注度高的话题。

(2) 申请认证。完整的认证信息会给人安全感和信任感，也能提升账号的权威度和影响力。

(3) 内容原创。持续输出原创内容，进行可视化表达，省时、省力、用户体验好。

(4) 多渠道推广账号。在其他账号或自己的自媒体矩阵中推广知乎账号的内容。

(5) 提升账号整体形象。装饰知乎账号，提升自己的品牌，给人以专业感。

除了选择什么样的问题去回答之外，这篇文章虽然探讨了新手应该怎样提升阅读和点赞的问题，但沿着作者的思路继续思考，就会发现在一定程度上，其提出的具体策略也恰恰是社会化问答平台上所有内容提升自然流量的重要方式。这里之所以说是自然流量，主要是为了与后文的加速流量相照应，那些没有借助加速工具而获得的流量，我们都可以看作是自然流量。这时候回答者就需要遵循问答平台的内容流通机制，也就是笔者在本章前面提到的——平台究竟看重什么？

按照《新手如何提高知乎的阅读量和点赞量？》一文中作者的总结，创作者可以在以下几个方面有所坚持，不断提升回答内容的自然流量：

1. 专注一个领域

许多新手都会犯的一个错误是：什么都去回答，什么都想回答。这样做不利于快速提升账号的权重。任何账号都应该专注一个领域，领域定位越精准，账号在这个领域的权重就越高。也就意味着你的回答内容排名会越靠前，被用户看见的概率就会越大。

2. 提高内容质量

用户最关心的是内容质量好不好，看完有没有收获，有收获之后才会愿意点赞转发。所以，即使账号权重很高，但是如果内容质量不好，也不会有人愿意点赞转发。所以提高阅读量和点赞量的前提是，在内容上下功夫。好的内容本身会自带话题、自带流量以及传播力和流通力。

3. 保证内容完整性

任何平台都非常看重用户账号的活跃程度。一般回答问题的字数不宜太少，建议每个回答的字数最好在 2000 字以上，最少也要写 800 字左右。因为字数太少，无法将一个问题讲解透彻，使读者难以理解回答的中心思想。不完整的内容，无论是平台还是用户都不会喜欢。

6.2 个人创作者的内容加速流通方法

当内容创作者按照平台的内容创作和内容流通逻辑管理自己所发布的内容时,自然流量就会逐渐流向那些更优质的内容。

当然,很多用户都反映获得流量的速度和规模在一定程度上低于自己的预期。这时候创作者可以主动出击,利用一些有效手段主动加速自身的内容流通,以获取更多的主动流量。

对于个人创作者来说,除了勤勤恳恳、踏踏实实地耕耘自身的内容之外,还可以尝试以下几种方式,来加速优质内容的流通。

6.2.1 内容自荐

1. 什么是内容自荐

内容自荐是指,创作者可以将自己的优质内容推荐至首页的"推荐"板块,让专业的优质内容有机会得到更多曝光,也能让更多知友看到高价值的内容。

2. 内容自荐的步骤

网页端的内容自荐功能可以通过"知乎首页—右上角头像—创作中心—更多曝光—内容自荐"的路径查看。

手机端的内容自荐功能可通过"主页—右下角头像—创作中心—我的权

益—内容自荐"的路径查看。

无论是在手机端还是在网页端，找到内容自荐功能后，勾选想要加速流通的问答内容，确认自荐之后，创作者小助手会向用户发送所选内容进入流量加速通道的通知。

此外，无论是在网页端还是在手机端，用户都可以在内容自荐功能中查看自己的内容自荐次数的记录，以便更好地管理自己的内容创作，选择优质的内容进行自荐。

3. 内容自荐的规则

平台会每月默认自荐次数。当创作者等级达到 4-7 级，在每个自然月内可默认获得 3 次内容自荐机会；当创作者等级达到 8-10 级，在每个自然月内可默认获得 5 次内容自荐机会。每月所获的默认自荐次数将在次月 1 日失效。每月的默认自荐次数以当月 1 日的创作者等级为准，当月内等级变动，默认自荐次数会在次月变更。

平台还会奖励自荐次数。以下情况可以得到惊喜奖励次数：

（1）自荐优质内容，有机会获得惊喜奖励。

（2）回答、文章被编辑推荐后，有机会获得惊喜奖励。

奖励次数总量无上限，但每篇内容最多获得 1 个奖励次数。奖励次数自获得之日起 30 日内有效，过期后不再补发。内容自荐次数小于 0 次时，内容自荐功能不可使用。

4. 内容自荐的审核及流通机制

自荐内容需要经过人工审核，通过审核后当日 0 点之前，平台会给予一次定量的知乎首页曝光展示。展示后由浏览者的互动行为带来的二次曝光，如赞同、收藏等，不在内容自荐给予的展示量计算范围内。

一个自然日内同一篇内容只能自荐一次，已经自荐且通过审核的内容，可以在次日 0 点之后再次自荐。

通过审核的自荐内容在进行展示分发时，有一定的概率因为算法匹配到的对应人群过少，或当前时段内同质化内容过多等原因导致分发失败，内容将显示"分发失败"状态，该次自荐不扣除自荐次数。

未通过审核的自荐内容，将显示"审核未通过"状态，则该条内容不可以再次申请自荐，所使用的内容自荐次数也将扣除。

6.2.2 自定义推广

1. 什么是自定义推广

获得自定义推广权益后，用户可在创作者中心的自定义推广权益中选择希望推广的个人创作的内容。该内容将以作者推荐的全新卡片形态出现在用户的移动端文章页和回答页内容的下方。自定义推广功能有助于用户获得更多流量入口，让专业内容更广泛、结构化地进行传播。

2. 自定义推广的步骤

与内容自荐的操作步骤类似，创作者可以通过以下两种方式找到自定义推广功能，并完成设置进行自定义推广操作：

（1）网页端的内容自荐功能可以通过"知乎首页—右上角头像—创作中心—更多曝光自定义推广"的路径查看。

（2）手机端的内容自荐功能可以通过"主页—右下角头像—创作中心—我的权益—自定义推广"的路径查看。

进入自定义推广界面之后，创作者可以根据自身内容的实际情况，选择要推广的内容作品和相应的推广日期等具体条件进行设置，设置完成后即可进入自定义推广阶段。

6.2.3 如何获得内容加速权益

知乎鼓励有深度、有价值、可沉淀的知识、经验和见解的分享。因此，平台会根据内容质量、内容影响力以及创作活跃度等要素，对每位创作者进行综合评估，得出用户的成长等级分值。该分值每天更新一次，不同分值区间对应不同的成长等级，最高为 10 级。

不同的成长等级对应不同的权益，逐级开放。创作者可在平台中查询自身的现有权益，也能了解解锁更多权益的方式。但是，如果创作者滥用服务中心的权益，或累计多次违反社区管理规定，平台将酌情收回其相应权益和服务中心的使用权限。

6.3 机构创作者的内容加速流通方法

在知乎上，除了个人创作者可以获得内容加速流通的权益之外，机构创作者也有相应的内容加速流通工具。这个工具就是"知+"。

6.3.1 内容加速流通的主要工具

1. 什么是"知+"

2020年，知乎上线了平台级内容服务解决方案"知+"，为企业和用户提供了最符合知乎内容生态和平台价值的内容服务解决方案。在内容生产环节，"知+"帮助有内容生产能力的企业寻找选题、生产更具用户价值的好内容；同时也为缺乏内容生产能力的企业匹配创作者和优质内容。在内容分发环节，前排推荐、原生场景的流通以及搜索结果的顺序都可以进一步放大好内容的声量。与此同时，"知+"提供的互动组件，可让用户在内容消费的场景中进行沉浸式的转化，产品信息在高价值内容中被用户浏览，进而产生兴趣、被种草然后消费，既满足了用户需求，又满足了企业的增长需求。

在本节内容中，我们主要来关注和探讨"知+"这一工具加速内容流通的重要功能（如图6-3所示）。

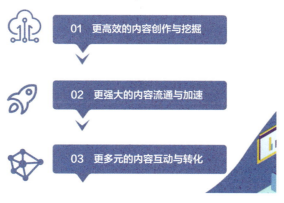

图 6-3 "知+"的一站式内容服务解决方案

2. 知+的核心商业价值

"知+"的核心价值可以从企业、用户、平台三个角度来讲。

首先对于企业而言,其重点关注的是如何在知乎做商业增长。可能想到的第一个问题就是:好的内容从哪里来?"知+"提供了多种内容创作工具,让有内容生产能力的企业对接站内热度话题,创造用户价值,让没有内容生产能力的企业对接各领域的优秀个人创作者,挖掘激活存量的优质内容。比如,"开课吧"平台就是联合知乎站内的信息技术(IT)人才分享亲历的工作和学习经验,引发用户的广泛共鸣。"知+"的内容分发功能可以加速新内容的冷启动、老内容的激活以及企业私域流量的建设。"知+"的内容互动组件可以帮助企业实现满足更多用户需求的闭环转化。这是一个从内容增长到用户增长再到业绩增长的整体商业增长逻辑。

对个人用户而言,"知+"在产品本质上既满足了企业客户在知乎做高效的商业内容运营的需求,又满足了知乎普通用户对信息、产品、服务内容交付的需求,同时帮助知乎个人创作者摆脱原有的"为爱发电"创作模式,真正进入有创作激励的良性正向循环。

对于知乎平台,"知+"很完整地考虑到了如何保证用户体验和维护社区生态。"知+"助推内容与社区的良性发展,在实现商业价值的同时提供了很好的用户价值。也正是因此,"知+"商业内容的点击效果会非常好,不亚于用户发布的原生内容。而其点赞、收藏等核心维度的指标也都非常不错,在某些行业甚至要比用户发布的原生内容更高。这也足以印证,"知+"的商业内容不但很好地匹配了社区内容品质,甚至与全局用户的内容质量相比会更高。

3. "知+"助力企业确立自身内容战略

好内容的形态已经显现,随之产生的问题便是如何更好地运用。不难发现,现阶段内容营销最常见的玩法还是流量逻辑,即在仍有一定流量红利的内容平台上大规模、集中投放娱乐性内容。但存在的问题是,这类内容存在的时间周期很短,营销效果一旦停止热度就会消失,无法实现内容沉淀。

面对上述问题,企业首先应该重视能够带来长期价值、有更多信息增量以及能为用户带来价值的内容。这类内容的信息密度高、专业性强,因此信任度更高。同时内容还可以被搜索、分享,具备自我生长和互动的力量以及出圈的可能性,可以实现消费决策全链路的贯穿,缩短消费决策周期。

其次,是将此类内容累积成为企业的内容资产,进而转化并沉淀为高用户价值的"内容池",以此与用户建立长期稳固的连接。相比于用户无法掌控和拥有的"流量池","内容池"既属于平台又属于用户,可以越长越大,也可以变成企业自己的阵地。因此,这一方法是企业进行用户资产运营、长尾收割内容红利和实现指数级增长的有效途径之一(如图6-4所示)。

此外,未来企业推动商业增长的模式,将会展现出从单一的"流量池"模式向"流量+私域+内容池"的模式升级。其中,流量主要负责助推内容产生热度、形成热点话题;私域帮助企业与用户进行更深层次的交流,不过私域相对来说更像一个"容器",关键要看在里面装什么。而私域都应该配套高价值的"内容池",高频次激励私域流量保持活跃和持续转化。

图 6-4　知+帮助企业打造内容资产

同时值得注意的是,未来的企业增长也会从"内容营销"向"内容战略"进行升级。因为目前已经有企业完成了从流量广告到内容营销的升级,对长期内容运营价值更为重视的他们必然还会寻求模式的再次升级,以便适应消费者的变化和行业整体的发展。所谓"内容战略",便是将内容的价值进一步抬升,以此来全面引领企业的增长。

而在升级的过程中,知乎无疑已经加入其中,并逐渐成为企业建立"内容池"过程中最不可忽视的平台。知乎正帮助每一个企业客户打造基于"内容池"的企业阵地,沉淀和激活企业在知乎获得的自然流量。

未来，众多企业都可能会面对持续增长的压力，单纯依赖广告流量已经难以维持增长的动力，通过"用户资产运营"来替代"单一用户数量增长"，用升级优化的"内容模式"取代过时的营销方式，即是为企业打开增长"新大门"的钥匙。

6.3.2 "知+"的内容分发与流通功能

"知+"除了能在平台自然流通外，还能帮助品牌发布的原生内容通过首页推荐、回答推荐、搜索等用户场景精准、友好地触达目标用户，让优质内容更快地脱颖而出。

对于机构创作者而言，酒香也怕巷子深，新内容需要冷启动。当机构创作者生产出了优质内容，如何让内容的影响力最大化，是包括企业、个人、平台在内的所有人都关心的一个问题。关键位置的推荐、原生场景的加速流通、搜索结果的显示顺序都可以进一步放大好内容的声量。

1. 新内容冷启动

面对许多初来乍到的机构创作者，"知+"不仅支持他们适配知乎站内已有的历史内容，还支持对其新发布的更契合产品的新内容进行冷启动。通过提高对其优质内容的筛选来快速提升该内容排序，提升曝光量，以获取更多阅读量与转化量。

2. 老内容再加热

在信息爆炸的媒介环境中，单一篇幅内容的生命周期，短至几个小时长至1-2天；正是因为这一原因，众多平台都在追求更快速、更大规模的"新内容生产"。而知乎特有的内容流通机制，让平台中沉淀的优质存量内容可以被不断激活。"老内容"的持续发力也让转化增长成为一件长效的事情。

实训作业

1. 选择你喜欢的3~5个新媒体应用（如微信、抖音、快手、今日头条、小红书、B站、知乎、豆瓣等），分析它们之间在内容分发方面的异同，讨论一下它们各自强调编辑推荐、算法推荐或社交推荐的哪些层面？
2. 在知乎上连续15天发布回答、文章或视频内容，总结分析你发布的内容在知乎上的流通情况。
3. 比较知乎的"知+"与抖音的"DOU+"之间的异同和优劣。

第 7 章

社会化问答营销的交付闭环

任务描述

社会化问答营销的交付闭环是由问答平台、企业和用户等多元主体参与共同协作完成的,这其中涉及内容的创作、信息的融合、资源的购买、内容的流通等方方面面,它们共同构成了产品、企业或品牌在社会化问答平台的营销流程和营销生态。在利用社会化问答平台开展营销活动的时候,如何更好地把握企业的营销需求、更好地融合营销目的和内容运营、更顺畅地完成交付闭环,以实现企业、平台和用户多方利益的最优化,是各参与方都要认真思考的一个重点问题。作为新媒体、市场营销等相关专业的学生和从业者,我们要通过本任务,了解社会化问答营销的交付闭环中各参与方都有什么目的和诉求,在社会化问答营销里发挥了哪些能力、实现了哪些效果。同时,通过学习能够熟悉典型的社会化问答营销的作业流程,多方内容共建和共赢的基本目标,掌握能更好地服务于社会化问答营销活动的主要工具和方法,并能够在实操过程中不断总结经验,进一步优化企业的营销策略和内容运营体系,从而在各大平台流量红利逐渐式微的语境之下,为企业找到一条更好的增长路径:以内容驱动营销增长的全新模式。

学习目标

知识目标

了解社会化问答营销的交付闭环及主要参与者。

了解机构创作者（品牌）的营销交付需求。

了解社会化问答平台营销的作业流程和工具。

了解社会化问答平台内容的价值体系。

能力目标

机构创作者能够更好地提升自身的内容创作、运营和营销能力。

学习者能够掌握典型社会化问答平台的营销交付工具和方法。

个人创作者能够根据平台的规则不断提升创作内容的营销价值。

任务导入

课程进行到这里，我们已经对社会化问答平台的营销价值，个人创作者、机构创作者以及内容的创作和流通等都有了比较深入的了解。那么，如何更加系统、更加全面、更加有机地将社会化问答平台上的内容和营销、个人创作者和机构创作者、内容创作与内容运营等更好地融合起来形成一种良性的营销闭环乃至营销生态呢？这是本章要重点探讨的问题。如果你希望能够更深入地理解社会化问答营销的作用机制，更透彻地把握社会化营销的交付闭环及其主要参与者，更有效地完成社会化问答营销的目标，更具体地把握社会化问答营销过程中用到的工具和方法，那么，请认真完成本任务。在此基础上，你将会更清楚社会化问答营销的操作套路和实用技巧。

任务解析

根据社会化问答营销活动的基本顺序和职业教育学习的基本规律，"社会化问答营销的交付闭环"任务可以分解为以下三个子任务：

（1）了解机构创作者（品牌）的内容交付需求。

（2）熟悉社会化问答平台提供的营销工具与服务。

（3）掌握个人创作者（用户）的传播与营销价值。

7.1 机构创作者(品牌)的内容交付需求

7.1.1 社会化问答平台上的用户决策

事实上,在社会化问答平台上,一个机构号就代表了一个品牌以及品牌背后的一个或多个产品或服务,品牌化的机构号在平台的内容生态中,既需要自己创造内容、运营内容,也要努力寻找和激活整个内容生态中其他用户所创造的优质内容。通过对这些内容进行分析、挖掘、赋能、加速信息流通等方式,机构号将自身的产品及品牌与这些内容进行有机的融合,并在这个过程中深度影响用户的认知、兴趣、购买和分享行为,如图 7-1 所示。

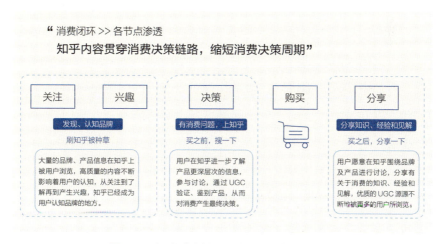

图 7-1 加速"种草—决策—购买"消费链路

我们以知乎平台上用户的消费路径为例来分析。用户在社会化问答平台上的整个消费决策链路中，都或多或少地与品牌的内容之间存在着某些触点，在这些触点中，正是优质的内容而非单纯的信息流广告或品牌广告影响了用户的认知和决策：

（1）**刷内容被种草**：大量的品牌、产品信息在知乎上被用户浏览，高质量的内容不断影响着用户的认知，从关注到了解再到产生兴趣，知乎已经成为用户认知品牌的地方。

（2）**买之前搜一下**：用户在知乎进一步了解产品更深层次的信息，参与讨论，通过 UGC 验证、鉴别产品，从而对用户消费决策产生最终的影响。

（3）**完成购买行为**：用户在知乎上可通过互动插件等形式跳转完成消费行为，形成便捷、有效的通路。

（4）**买之后分享一下**：用户愿意在知乎围绕产品及品牌进行讨论，分享有关消费的知识、经验和见解，优质的创作内容会源源不断地被更多用户所浏览。

通过对用户消费链路的分析，我们会发现，知乎作为中国互联网环境下最大的社会化问答平台，坐拥超过 4 亿保持活跃的新知用户，构建了高质量的内容体系和可信赖的问答社区，这都使得它变成了一个拥有高价值内容的消费入口，并逐步成为流量逻辑之外，企业通过内容运营获取用户价值、营销价值等方面增长红利的一个全新的价值平台。事实上，从十几岁的青少年到热爱学习的中年人，都可以在知乎找到对于自己的问题更全面的解答，也正因如此，以知乎为代表的社会化问答平台也必然成为企业与用户进行互动的标配选项。

7.1.2 商业机构的主要转化需求

商业机构主要的诉求就是实现转化，只有实现了从关注到产生兴趣、从种草到实施购买的转化，企业才能完成自身的增长目标。因此，是否能促成转化、转换的效率如何等效果层面的标准，是机构号选择社会化问答平台进行内容运营时必须慎重衡量的要点。

在社会化问答平台上的转化方式，主要有以下几种：

（1）曝光：这是企业最基本的转化诉求，只有有了曝光，才会有用户消费链路后面的关注和兴趣，以及购买和分享行为。因此，曝光需求是机构号内容运营过程中最基本的需求，可以通过社会化问答平台上类似"知+"这样的运营工具，加速内容的流通，进一步使得内容在首页、热榜、回答、推荐等内容板块的曝光度增加。

（2）跳转：用户在阅读了机构号的相关内容之后，对产品或品牌产生了兴趣，这个时候他们想要进一步了解产品或品牌，就需要点击某个内容插件跳转到相应的落地页面，以便更进一步与品牌进行深度互动。这种跳转形式主要有外链页面跳转、商品页面跳转和小程序跳转等。

（3）吸引关注：机构号通过优质内容的持续输出和快速流通，吸引到更多的用户点击阅读、点赞收藏，并进一步将这些用户转化为机构号自身的粉丝，从而形成私域流量，以便在后续企业的各类活动中不断开发这些相对精准的用户群体。

（4）导流私域：有时候机构号通过优质内容的输出吸引到精准的潜在用户之后，可以进一步进行私域运营，比如添加微信关注，这也能够通过社会化问答平台实现。

（5）直接下载：对于游戏类或移动应用程序类的产品，它们希望能够搭载社会化问答平台各类内容的快车道，在通过内容让用户种草之后，直接完成用户点击下载的转化效果，用户只要点击内容正文或末尾的插件，即可直接进入下载安装页面。

7.2 社会化问答平台提供的工具与服务

7.2.1 用于内容创作与选择的工具和服务

由于社会化问答营销是建立在优质的内容基础之上的,没有优质的文章、问答、视频或其他内容,社会化问答营销的价值和意义就会大打折扣,因此,如何帮助机构号(品牌)创作或找到更有助于产品或品牌得以开展运营和转化的好内容,就成为社会化问答平台必须解决的实际问题。

从知乎的经验来看,它针对有内容创作能力和没有内容创作能力的客户,提供了两种不同思路的解决方案,如图7-2和图7-3所示。

图7-2 知乎为客户提供的内容创作与选择工具

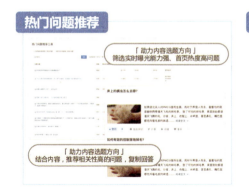

图 7-3　知乎为客户提供的内容创作与选择工具举例

1. 针对有内容创作能力的客户

在内容创作环节，社会化问答平台为有内容创作能力的客户提供了选题工具，如图 7-4 所示。因为选题的质量直接影响到内容在知乎的传播情况，使用选题工具可以通过领域和关键词检索，筛选知乎站内所有相关问题的实时数据，快速选出实时流量较大的问题进行定向策划。目前知乎的选题工具仅开放给"知 +"客户使用。

■ 优先使用热门问题选题工具（每日更新），通过参数阈值的限定，能保障基础的有量可投
■ 从选题工具中优先筛选话题中有索引、有讨论的，以及关键词排序靠前的内容
 a. 选取的问题关注数 >1000，关注数越高说明问题的热度越高，流量越大；
 b. 选取点击率 >4% 以上的问题，点击率越高，吸引力更强；
 c. 问题被浏览量代表话题的热度，浏览量越高，问题的流量越大；

■ 根据客户考核，以内容营销理念引导，选题（精准类 + 泛话题）分节奏投放上线长决策类行业，例如教育、金融、房产家居等。针对用户画像人群，分圈层持续长期引导
 a. 内容投放，优先覆盖精准类问题，直接覆盖目标用户
 b. 增加泛话题类问题，持续影响积累潜在用户引导转化

短决策行业，例如泛电商（卖货类）结合日常生活需求场景，精准定位覆盖
 a. 精准类（例如求推荐商品类）问题
 b. 生活、日常使用场景类泛话题覆盖

图 7-4　利用选题工具全面提升选题效率

对于知乎这样的社会化问答平台来说,之所以开发选题工具,是因为选题在知乎很重要,选择问题的所属领域决定了用户画像和内容曝光量的天花板,选对问题等于选对了可增长的流量池。

2. 针对没有内容创作能力的客户

没有内容创作能力的客户可以通过"知+自选""知+互选""知任务"等内容合作工具,直接借助知乎优质、专业的创作者力量完成内容的创作与采买。"知+自选"是机构号发任务交由个人创作者来创作、按插件点击量结算,比较符合偏效果诉求的客户需求,如图7-5所示;"知+互选"是采购站内已有的优质内容进行商业合作,内容质量更可控,适合追求品牌和效果的客户,如图7-6所示;"知任务"则可以给知乎的优秀创作者也就是意见领袖(KOL)下单,比较适合追求品牌宣传诉求的客户。

知+自选

原生内容快速产生的核心抓手

「知+自选」功能是快速嫁接企业客户和内容创作者的桥梁,企业客户可以通过效果营销平台发布任务,具有内容创作能力和参与资格的创作者通过「知+自选」选择任务并产出相关内容,企业客户的产品和服务通过创作者发布的原生内容得到传播、并对由此内容所产生的转化组件点击效果付费。

图7-5 "知+自选"功能

其中,"知+自选"功能是快速实现机构号企业客户和内容创作者对接的桥梁,机构号可以通过"知+"的效果平台发布任务,具有内容创作能力和参与资格的创作者可以通过"知+自选"功能选择任务并产出相关内容,机构号重点推广的产品或服务通过创作者生产的原生内容得到传播,在此基础上通过转换组件,机构号会对由内容所产生的点击效果向创作者支付费用。

知+互选

社区已有内容协同合作模式

知+互选模式	合作流程	线上示例
"商业修改"功能是将社区已有优质回答、文章中新增产品内容,并使用知+服务。修改内容以产品为主导。例如调整引导语、产品信息等达成商业化合作效果。 "商业植入"功能是将社区已有优质回答、文章中植入产品内容,并使用知+服务。植入内容服务中,产品仅需提供插件或引导语,植入位置以及贴合度由创作者进行把控。内容合作到期后,相关植入会默许下线。		

图 7-6 "知+互选"功能

"知+互选"功能则是企业客户和内容创作者双向互选的一个内容合作平台,它主要包含"商业修改"和"商业植入"两大功能:"商业修改"是指在社区已有的优质回答或文章中,新增与机构号客户想要推广的产品、品牌或服务相关的内容,并通过"知+"平台加速其流通能力。"商业修改"的内容以产品引导为主,例如调整引导语、产品信息等来达到商业化合作的效果。"商业植入"是在社区已有的优质回答或文章中,植入相关的产品信息、产品内容、产品插件等,由机构号提供引导语和插件,植入的位置及其与内容之间的契合度由创作者进行把控。双方合作到期后,植入的内容会自动下线。

7.2.2 机构号内容流通的主要场景

目前社会化问答平台知乎推出的"知+"工具,其助力机构号商业内容加速流通的主要场景是首页场景、回答推荐场景和搜索场景。

(1)首页场景:是和其他原生内容混排融合的。"知+"优质内容的首页推荐点击率甚至能超过10%，是硬广的10倍以上，这一方面说明"知+"推荐的内容精准触发了用户的兴趣，另一方面也体现出原生内容运营的优势。

（2）回答推荐场景： 这一推荐场景是知乎独有的，可以把一个问题下排列的若干回答想象成一个类似搜索的精准场景，用户会一个个翻看回答，但如果回答数太多，用户基本看几个回答就会关闭页面，如果你的回答排序靠后，就错过了这次精准的流量。使用"知+"工具进行投放，当用户下滑或点击下一个回答时，会优先推荐你的回答，这样就实现了精准场景的自然融入。相比在固定位置插入营销要素，采用这种方式会使用户获得更原生的体验。

（3）搜索场景： 是"知+"正在拓展的新场景，平台会逐渐增加该场景的流量。搜索场景的价值毋庸置疑，"知+"的搜索场景同样起到提升权重的作用。在知乎，会有热搜问题出现在搜索页，这也很符合用户的使用习惯——想要在知乎内了解更多的内容，就必须要进行搜索。在这一场景中被推荐的问题，用户只需点击一下，便可以跳转到对应的内容中，从而使得优质的内容得到强推荐，吸引更多的用户浏览、点击。

7.2.3 打通从内容到转化的交付闭环

紧紧围绕机构号（品牌）客户的内容转化和价值增长需求，社会化问答平台所推出的解决工具和方案正在尝试通过多样化的手段，打通从内容创作到商业价值转化的交付闭环。

以知乎的平台级战略产品"知+"为例，这一工具的定位是为个人用户和企业提供内容营销方面的服务解决方案。在"知+"，无论是企业还是个人用户，都可以找到增长空间。

1. 在内容生产环节

俗话说，巧妇难为无米之炊，流量转化的算盘打得再精，如果没有好内容，一切都是空谈。但一直以来，企业囿于自己的视角，比较难生产出用户视角的内容，在没有好内容的情况下去追逐流量无疑是舍本逐末。而在创作者聚集的社区平台，如何做到和创作者的无缝配合，也始终是企业的一大困扰。

"知+"恰恰解决了这一问题。一方面，它帮助有内容生产能力的企业寻找选题，生产更具用户价值的好内容；另一方面，它为缺乏内容生产能力的企业找到匹配的创作者和优质内容。这样，"增长长征"的第一步才能顺利迈出。

2. 在内容分发环节

即使是新内容需要冷启动，关键位置的推荐、原生场景的加速流通、搜索结果的显示顺序都可以进一步放大好内容的声量。在信息爆炸的媒介环境中，单一篇幅内容的生命周期只有 1~2 天甚至仅几个小时，受制于此，众多平台都在追求更快速、更大规模的"新内容生产"。而知乎特有的内容流通机制，让海量的历史创作和平台中沉淀的优质存量内容的活力可以被不断激活，而"老内容"的持续发力也能让转化增长成为一件长效的事情。

很多"宝藏问答"在知乎上沉淀下来，今天仍然能够通过"知+"被重新唤醒。通过对平台中的历史提问进行二度创作，将回答内容绑定"知+"重入大众视野，收获大量曝光、阅读与互动。知乎的问答形式及其内容土壤天然地形成了用户的电商种草氛围以及在"人货场"方面的独特优势。当然，这种优势也适用于其他行业。

更难能可贵的是，在知乎原生问答场景中加速流通的新老内容，都自然流通于用户自发的需求场景之中。同时，"知+"在帮助商业内容释放更大效果的同时，并没有忽视知乎平台本身的调性，让商业内容与社区原生内容自然竞争，保证用户体验和社区生态。

3. 在内容转化环节

"知+"提供的互动组件让用户在内容消费场景中实现沉浸式转化，既满足了用户需求，又满足了企业的增长需求。产品信息在高价值内容中被用户浏览，用户进而产生兴趣、被种草；这是一条"从内容到消费"的通路，与当下火爆的电商直播逻辑不谋而合，但又具有更强的互动力、生命力。

用户带着消费问题，上知乎搜索更深层次的信息，并参与讨论形成决策，在回答和文章内通过插件直接跳转至消费页面。这条转化闭环的通路不光适用于电商类的"短决策"场景，也适用于教育、金融之类的"长决策"场景。知乎带有的多种组件与互动形式，可以实现跳转咨询，让用户与品牌方进行更深层次的私域交流，进而层层递进地获取信息、理解信息、形成黏性，最终完成转化闭环。

案例

"考满分"的交付闭环

好未来旗下专注于出国在线科学备考的留学生品牌"考满分"就在知乎上"步步为营"——建立品牌人设，抓取备考用户关注的话题；以品牌高质量、专业性内容进行答疑，收获潜在目标客户对品牌的好感与认可；同时通过"知+"助推获取高曝光量，收获大量关注雅思学习的用户评论、私信，并和他们交流互动，通过内置插件表单实现有效转化，进一步提升"考满分"的课前咨询与报课率。教育是个"慢事业"，需要省心的沟通、贴心的服务、耐心的沉淀，而知+的内容运营方法可以有效帮助教育企业在用户的需求场景中创作高质量内容，并借助丰富的互动转化组件实现内容的交付闭环，如图7-7所示。

很多时候大家会认为"私域"是微信的专有词，但其实通过内容吸引，企业在知乎平台上也能建立起自己的私域流量阵地。而"知+"的存在，可以帮助企业去聚拢新老内容，帮助企业在知乎这一"私域"实现流量的积累，也是为下一步转化挖好战壕。

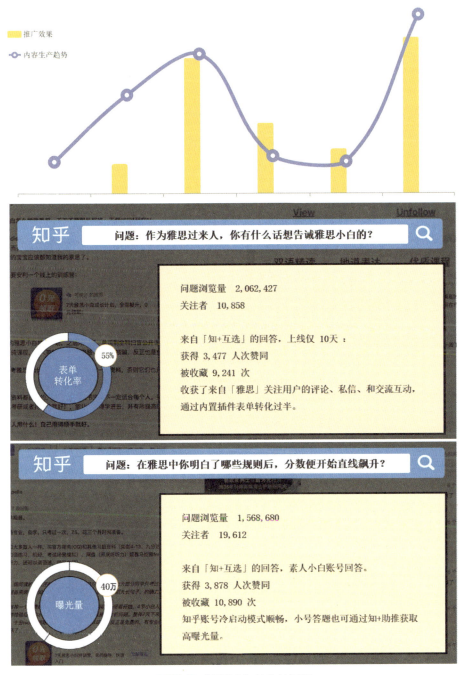

图 7-7 "考满分"的交付闭环

第 7 章 社会化问答营销的交付闭环

综合来看，"知+"贯穿了内容加速分发和互动转化的全流程，它能促进优秀内容创作、加速内容高效流通、提供了丰富的互动转化场景的价值。在众多内容平台当中，"知+"以一种柔和但高效的方式将增长与内容场景、内容生态进行了融合。在不破坏知乎自身社区氛围的前提下，使用户增长的黏性获得了提升，从而带来了一种"多赢"的舞台——企业客户在知乎做高效的商业内容运营；普通用户可以获得信息，获得有关产品、服务的高效内容；知乎创作者则可以摆脱"用爱发电"的创作心态，真正进入有激励地创作的正循环。

7.3 个人创作者（用户）的传播与营销价值

正是有了类似"知+"这样的服务解决方案和工具，社会化问答平台上的机构创作者和内容创作者之间才建立起了基于内容的合作共赢机制，不但为企业的内容运营提供了源源不断的优质内容，而且也为个人创作者提供了经济激励，从而使得他们能够更积极地去创造更多优质内容，不断丰富社会化问答平台的内容生态。

7.3.1 个人创作者的内容营销价值

案例 知乎"科技盐究员""蓝大仙人"的好物推荐

知乎的内容不仅具备产生持续影响力的长尾价值，也具备自然生长的力量，可以吸引持续精准的新流量。以知乎用户"蓝大仙人"针对智能电视的内容带货为例，他从专业知识入手，进行了充分的客观测评与对比，并针对不同的用户需求进行精准推荐，通过专业且优质的内容获得了大量用户的关注和信任，最终带货价值超过 4000 万元。这也证明知乎创作者非常擅长在垂直领域进行专业内容输出，而且这些内容更具备长尾效应的独特价值。

"蓝大仙人"的真名叫王之豪，是一名网络个体创业者，主要做智能电视的评测。在他的房间里，摆放着各种型号的智能电视，他每天的工作就是评测这些智能电视，然后在网上发布评测结果。

2019年下半年，知乎平台推出了"好物推荐"，用来帮助平台的内容创作者实现内容变现，创作者可以在自己的文章中插入电商平台的商品购买链接，用户看了文章后如果购买该商品，创作者就可以拿到一部分佣金，类似电商网站淘宝的"淘宝客"等按成交计费的模式，只是推广方式不同而已。王之豪是第二批内测的好物推荐用户，起初他也只是想着在自己的文章中插入个商品链接，一个月赚个猫粮钱（五六百元）就满足了，结果做了两个月他就做到了好物推荐总榜的第一名。央视二台报道了王之豪写过的一篇文章《最新2020年6月液晶智能电视选购攻略》带货量高达2200万元（此数据依然在不断增长），该文章在平台获得1.9万次赞同，被7万人关注，其带动消费的能力令人震惊（如图7-8所示）。

央视在《2020中国经济半年报》专题报道中关注知乎扶持新个体经济举措。

知乎科技盐究员"蓝大仙人"在知乎分享智能电视选购知识，通过"好物推荐"帮助商家带货，获得收益。最近一篇文章的带货量已经过千万。

视频来源：央视财经，点击可播放详情。

图7-8 央视报道"蓝大仙人"王之豪知乎带货

在知乎这样的社会化问答平台上，像"蓝大仙人"这样的用户还有很多，他们生产的大量内容除了有着非常高的知识价值之外，还具备较大的商业价值，具体来看，他们的商业价值主要体现在：

（1）**用户对原生内容的天然信任感**：在知乎这样的社会化问答平台，用户带着问题进行搜索、浏览、阅读或者讨论，并被高权重的优质内容所吸引，这也就意味着用户是带着天然的信任感来到知乎，而知乎则可以通过原生的提问回答、长图文内容、专业的知识科普与种草等多元化的内容，让内容的影响力贯穿用户完整的消费决策链条，这对于企业方的营销也尤为重要。当企业需要针对新品进行科普与种草时，知乎可以通过专业的、可信赖的、有共鸣的内容，让产品的相关内容自带助推用户决策的属性。而借助完整的消费闭环属性，可以让用户在知乎获得从种草到购买的一站式消费体验。

（2）**高知用户自带的专业感**：这些内容，恰恰就是由大量的个人创作者生产出来的。在知乎，聚集着来自各领域的专家与从业者，和大量对知识内容有探索欲和分享欲的用户，同时也沉淀着大量消费决策类相关问题。信息密度高是知乎长图文内容的显著特点，也让知乎的内容变得更加专业可信。当用户带着问题而来，通过阅读来自各领域优秀回答者的专业剖析和针对不同产品的分享与解读，就可以更加快速清晰地了解产品信息。

（3）**优质内容具有长尾长效转化价值**：随着知乎用户的快速增长，其用户结构也在逐渐丰富和多元化，这群专业且拥有开放态度的年轻人正在成长为互联网主力用户，相比于迷信权威，他们对身边的社交圈层反而有着更高的信任水平。用信任连接用户，用专业传播内容，优质内容带来的高信任度内容氛围，也是知乎 UGC/PUGC 内容的价值所在。而由于知乎内容自带的长尾效应，对于年轻用户的影响持续时间也将更长。

7.3.2　个人创作者的内容变现权益

当然，并不是随随便便每位用户都拥有通过内容助力企业进行商业转化的能力和权利，在社会化问答平台上，个人创作者与机构创作者之间的商业连接是逐步实现的。这也就意味着，不同级别的个人创作者所具备的营销价值以及他能够为机构号提供的营销服务是不同的。

下面我们以知乎为例,简单了解一下知乎用户所拥有的营销功能模块和收益权利。

1. 直播带货

随时随地开直播,直播中用户可实时发送弹幕、提问等内容,与主播更加高效地进行交流互动。在直播页面,用户可以开通商品购物车入口,这时候内容创作者就可以通过视频直播向观看直播的用户推介有价值的商品和服务,从而起到直接的营销转化效果。

2. 好物推荐

创作者可以通过好物推荐功能在回答、文章、橱窗、视频、直播中插入商品卡片,若其他用户通过商品卡片购买商品,创作者可获得相应的返佣收入。开通好物推荐功能后,创作者可以更加方便快捷地进行分享,帮助其他用户高效地购买到心仪好物,如图7-9所示。

图7-9　好物推荐示意图

3. 自定义推广

创作者可以在自己的文章、回答、视频等内容的下方插入自定义推广的模块,推广的内容主要有两类:一类是创作者个人页面的其他文章、回答、专栏、视频、电子书等内容,另一类是知乎大学推荐的专栏、私课或者付费

Live 等内容。自定义推广的功能需要创作者等级达到七级以上方可申请。

4. 圆桌主持人

知乎圆桌活动是围绕特定主题，利用知乎的问答机制，促进线上热烈讨论，生产与收录大量问题和回答，并会邀请专业嘉宾进行作答的线上活动。圆桌活动一般设有 5~8 位嘉宾，时间为期一周，需收录优质内容（问题、回答、文章等）。每场圆桌活动至少讨论 20~30 道问题与回答，多多益善。当创作者级别达到七级以上，就可以申请开通圆桌主持人功能，就某一社会现象、行业热点、品牌话题或新品上市等发起一场在线的圆桌讨论，圆桌活动在某种程度上也可以看作一场企业面向广大知乎用户的公关活动。

5. 品牌任务

品牌任务功能是指创作者与知乎的精选品牌主进行商业合作，让创作者的优质内容和影响力可以实现双方共赢的变现。包括受邀回答品牌提问、撰写品牌文章、参加品牌线下活动等。这其中，也包含上文所说的"知+自选""知+互选"和"知任务"等具体内容。该功能的申请条件需要创作者等级达到九级及以上。

实训作业

1. 去知乎网站或 APP，找出 10 条包含营销组件的回答、文章或视频内容，对其中两种以上的营销组件类型截图并分析其转化路径。
2. 去"蓝大仙人"的知乎主页，分析其主页上发布的各条内容，讨论其是如何通过问答内容来带货的。
3. 在知乎持续发布垂直领域的相关内容，解锁直播和好物推荐功能，尝试在自己发布的相关内容中进行好物推荐。

第 8 章
社会化问答营销应用策略

任务描述

在掌握社会化问答营销的作用机制、操作流程、内容流通等基本逻辑的基础上,本章节将聚焦社会化问答营销的独特价值,并以汽车行业为例,通过列举多个营销案例,详细解读社会化问答营销的解决方案。相比于其他营销方式,社会化问答营销的独特之处在于其内容价值。营销内容中的长尾效应、自生长特性、出圈潜质、沉淀价值、场景性以及带货价值等特点都为社会化问答营销增添了独特的魅力。在社会化问答平台上,汽车行业的企业可围绕自身营销需求和上述价值做出具体决策,如利用超级首发、超级众测、好物推荐以及个性化定制等解决方案,以满足不同的营销需求和目标。作为新媒体、市场营销等相关专业的学生和从业者,可以通过本任务完成对汽车行业在社会化问答平台上的营销策略和形态的了解,从而为自己在营销实践过程中提供案例指导和策略参照。

学习目标

知识目标

了解社会化问答营销的独特价值。

了解汽车行业社会化问答营销的应用策略。

能力目标

能够学会发挥社会化问答营销在营销传播中的价值。

能够熟练掌握汽车行业社会化问答营销的基本策略。

能够学会使用社会化问答营销为不同行业的品牌服务。

任务导入

随着社会化问答营销的不断发展,它已成为众多行业品牌进行营销传播组合中的重要一环,汽车行业亦是如此。社会化问答营销能够为汽车行业提供哪些解决方案?汽车行业的品牌在对社会化问答营销的运用上有哪些具体策略?如何用社会化问答营销扩大汽车品牌影响力?以上都是本任务要解答的问题。如果你希望全面了解社会化问答营销的解决方案,并掌握汽车行业社会化问答营销的一些基本策略,那么请认真完成本任务。你将在此了解超级首发、超级众测、好物推荐等汽车行业社会化问答营销的基本解决方案,掌握汽车行业社会化问答营销的基本策略,从而为社会化问答营销服务于不同行业品牌的营销传播奠定理论和操作基础。

任务解析

根据社会化问答营销活动的基本顺序和职业教育学习的基本规律,"汽车行业的社会化问答营销基本解决方案"任务可以分解为以下三个子任务:

(1)了解社会化问答营销的独特价值。

(2)了解汽车行业社会化问答营销的应用策略。

(3)熟悉汽车行业社会化问答营销的应用案例。

8.1 社会化问答营销的价值

在之前的章节中,我们已经学习了社会化问答营销的基本知识,对社会化问答营销的作用机制、内容创作、内容分发与流通、交付闭环等方面有了基本了解。那么,具体到某个行业、某个品牌该如何利用社会化问答营销来实现有效的品牌传播乃至交易达成,是一个非常具有实操性的问题。通过拆解社会化问答平台上汽车行业的案例,可以更加直观地了解汽车品牌进行社会化问答营销的决策流程、具体思路以及基本策略。我们也可以通过翔实的操作案例加深对社会化问答营销的认知和理解。

在第 1 章当中,笔者已经梳理出社会化问答营销的发展阶段。社会化问答营销已经迈入 4.0 时代,即内容与营销能够在具体的社会化问答场景中相互赋能从而发挥其乘数效应的阶段,真正实现了"内容即广告、广告即内容"的有机融合乃至不可分割的状态。在这个阶段,社会化问答营销最独特的价值体现在其内容方面。

在艾瑞数据最新发布的《2020 年中国内容营销策略研究报告》中,在对广告主 2020 年关于增加营销预算的调研中,内容营销预算以超半数的比例高居榜首。可见,内容运营将成为企业营销运营的标配,社会化问答营销对企业的价值也越发凸显。在当前的营销环境下,社会化问答营销具备以下几个方面的价值。

8.1.1　长尾价值

毫无疑问，流量模式已经没有多少红利，进入存量竞争阶段。这就导致以下三个弊端：第一，存量竞争，成本只会越来越高昂；第二，只能实现线性增长，无法实现指数级增长；第三，没有长尾效应，广告停投即营销效果消失。社会化问答营销重在内容，其内容模式具有持续的长尾效应，具备持续"收割"的能力，可以实现指数级增长。打个比方，流量模式就像二类电商，流量入口靠投放，停投即止；内容运营就像淘宝店运营，提升等级，就会持续有流量。在知乎三个月内浏览量排名前 1000 的问题中，47% 的问题已经创建一年以上，问题的平均创建时间为 18 个月，这些问题至今仍被不断地激活流通，这充分说明了内容运营的长尾价值。

8.1.2　自生长价值

传统广告是很难自然传播的，用户看完即走，不具备自生长力量。想要取得持续性的传播效果，往往需要品牌方不断去"推"，这其实是一项高成本的活动。而对于社会化问答营销而言，好内容是可以持续发酵的，只需要轻轻一"推"，就会持续产生影响力。尤其是在移动互联网时代，数字口碑和数字社群已然发展成为营销传播的新杠杆，好内容的自然分发能力进一步增强，价值共创的用户心理激发出大量 UGC 内容，形成口碑裂变，继而制造爆款内容。可以说，几乎所有现象级的传播，无不承载在一条或一组具备话题性的优质内容上。社会化问答营销这一自生长的特点，在注意力资源稀缺、流量成本高昂的当下是难能可贵的。

8.1.3　出圈价值

社会化问答营销的出圈价值可以从纵向和横向两个方向来理解。一方面，相比于传统广告这个"易碎品"而言,知识是长期存在的,因此,社会化问答营销中的内容可以历久长存、纵向出圈。另一方面,社会化问答营销的内容也可以被站外搜索到,这就使得内容也容易横向出圈。比如知乎,其站内问答可以被百度等搜索引擎抓取,从而被用户分享至微信群、朋友圈等,这就使得内容具备了出圈的特性。截至目前,知乎内容每天被用户分享到站外超百万次,"知乎高赞"成为很多热门帖子的标志性标签。例如去百度搜索"植发",除了直观可识别的百度平台广告和百科之外,权重较高的一条链接就是知乎的内容。

8.1.4　场景价值

社会化问答平台最核心的部分是"问答",用户不管是找答案、长见识、看热闹或聊兴趣,一般都是为了寻求"答案"而来。这种基于需求的使用行为很自然地构建起各种"场景",从而形成社会化问答平台的场景氛围。比如,当用户关注"有哪些护肤品值得推荐?"这一问题时,就反映出其具有寻求购物决策外部支持的需求;当用户关注"有人先工作后考研吗?硕士毕业后状况如何?"这一问题时,就反映出其具有自我学历提升的需求。这些外显的用户需求为营销活动提供了场景,因此,可以说,社会化问答营销在匹配用户场景上具有先天优势,具有不可替代的场景价值。

8.1.5　故事价值

讲故事是一种古老而持久的营销方式,故事以其自身的传奇性、曲折性、冲突性、戏剧性、传播性和传承性,成为抢占人心最有效的工具,是人类从相互交流到树立共同愿景的基础要素。在技术驱动传播的背景下,讲故事逆势崛起成为广告界、营销界的热门议题。而社会化问答营销中的优质内容要么具有专业性,要么具有故事性,这些有故事性的内容,不仅可读性强,而且凭借内容的温度、真实感，极易打动用户，引发用户的情感共鸣。对于品牌主而言，利用社会化问答营销的故事价值可以沉淀品牌故事资产，与消费者建立起紧密的情感联结，形成稳固的"消费者－品牌"关系。

8.1.6　带货价值

社会化问答营销可以承载更具深度、更加丰富的营销信息，同时能够结合内容让用户产生强烈的情感共鸣。因此，当前品牌主对社会化问答营销的价值期望主要集中在建立品牌形象、传达深度营销诉求、建立用户情感链接的目标上。随着平台方的不断发展和努力，为品牌主提供相应的营销闭环解决方案后，社会化问答营销的价值也开始突破品牌传播的枷锁。通过增加内容消费属性、强化即时转化的便捷性以及打造消费内容场景等方式来回应品牌主销售转化的诉求。以知乎平台为例，随着消费链路和服务链路的打通，用户顺理成章地从消费内容升级到内容消费。阅读内容被种草，点插件就能直接购买，内容的高影响力具备了实时转化的能力，即品牌主追求的品效合一。

8.2 汽车社会化问答营销的基本应用策略

随着社会化问答平台的发展，其在企业营销传播中的价值愈发凸显。企业可以在社会化问答平台上利用哪些手段进行有效的营销传播，是大家所关注的问题。我们以社会化问答平台上极具代表性的汽车行业为例，重点解析知乎平台关于汽车行业社会化问答营销的基本解决方案。其他行业的企业也可从中寻求经验，并结合行业自身特点进行具体操作。

社会化问答平台已经成为用户围观、了解甚至做出汽车购买决策的重要场景之一，社会化问答平台可以在吸引兴趣、拉升好感、引导消费等方面，为汽车品牌的营销传播活动助力。以知乎为例，汽车品牌可以在社会化问答平台上选择以下基本解决方案。

8.2.1 超级首发

新品上市期间企业可选择超级首发实现热度催化和产品曝光。

1. 上市前

上市前，企业可通过双新策略，催化预热。

双新策略，指的是"以旧唤新"和"新品上架"两个策略。以旧唤新，是指向站内已有热门问题借势，铺垫观点，输出理念，从行业、产品、调性三大维度加速预热新车上市活动。在社会化问答平台上，储备着大量关于汽车的问答。在新车上市前期，企业可以通过对既有问题的重新回答，达到以旧唤新的目的，高效催化新车热度。新品上架，是指在社会化问答平台上搭建新车内容阵地，并通过运营内容，逐渐丰满话题的维度，为新车上市宣传打好站内基础。具体而言，可根据新车上市的节奏，在新车上市前的一段时间内，搭建关于车型的"话题"页面，从而形成站内内容阵地（如图8-1所示）。

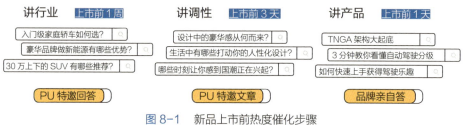

图 8-1　新品上市前热度催化步骤

2. 上市期

产品在上市期，企业可通过"曝光+内容+运营"进行三维联动，助推产品宣传全链路覆盖和热度持续升级。

在全链路曝光环节，可通过覆盖社会化问答平台用户的主场景、搜索场景、热榜场景等实现360度无死角吸睛。具体而言，在用户的主场景，可通过开屏页、首页和答案页的创意广告完成对增量用户的捕捉和拦截；在搜索场景，可通过定制搜索品牌专区广告实现与品牌传播计划、投放节奏的无缝衔接，平台也可以在原有SEO服务（搜索引擎优化服务）的基础上，开放行业通用词汇定制，从而实现对更大目标人群的体量覆盖，吸引品牌潜在客户；在热榜场景，可通过对新车话题的热榜上位，有效扩容围观用户，持续为话题加温（如图8-2所示）。

这一时期企业也可通过"超级提问"聚合全部新车答案，在问答之间实现爆款的推出。具体来看，可以从互动、内容和运营三个维度进行发力，全方位打造新车上市的热度氛围。以知乎平台为例,企业一方面可以通过"官方发声+红包激励"的方式,确保话题热度。另一方面,可通过点赞、喜欢、收藏等互动触发红包的方式吸引意向用户,从而实现意向潜在客户的留资转化(留下个人资料)(如图8-3所示)。

在内容方面,可以从品牌的主力型产品、差异化亮点和品牌形象三个维度入手打造新车上市超级话题,形成囊括产品、知识和脑洞的内容矩阵。另外,为提升问题活性、保持话题热度,可利用跨界联动的方式持续为话题引流。以知乎平台为例,

图8-2 知乎热榜场景

图8-3 互动:收割互动潜客,实现留资转化

第8章 社会化问答营销应用策略

可借助由硬核技术类、行业研究者、资深媒体人和汽车工程师等组成的"知乎汽车天团"形成强有力的品牌外脑发表观点，这些专家的多元观点会持续发酵，能够激活内容矩阵，引发持续关注。此外，品牌账号可以采用"亲自答"的方式，与用户接梗互动，树立亲和友好、有人情味的品牌形象。

在运营方面，凭借官方运营，可以向10万量级的种子用户定向邀约，并精准锁定汽车类标签的用户进行精准分发。其次，可利用运营位配合传播，迅速占领行业热榜高位。再者，平台的推送广告、首页浮层通知等官方推荐传播也能够助力营销活动快速打造优质口碑（如图8-4所示）。

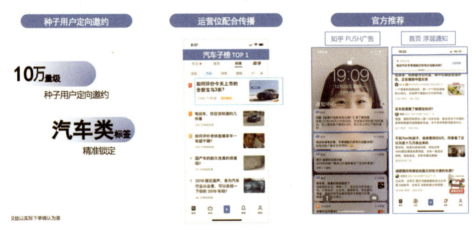

图8-4　官方运营可选方案

3. 上市延续期

在上市延续期，企业可通过对超级话题页面的维护和升级，不断沉淀优质回答，收割潜在客户。

在超级话题页面，企业可以陆续更新新车产品细节、官方视频等内容，不断释放产品亮点；可以利用用户打分的方式，创造车型排名，从而积累更多用户的信任；也可以在页面活动banner（醒目标题）处提供试驾预约或联动品牌提问做互动答题，激励更多潜在客户的互动参与；通过对短评、热议、精华内容的筛选，完成优质内容置顶，实现更多内容联动。

此外，企业还可以通过热搜词预埋、搜索彩蛋、超级话题等形式全方位立体化持续输出品牌内容，吸引更多用户的关注。

8.2.2 超级众测

众测是知乎平台官方测评栏目，为了满足知友"手痒，想买"的需求，让知友们有物可体验，有货可对比，有体验可以分享，知乎推出了众测栏目。该栏目具体到汽车行业，体现为知乎官方账号＠知乎汽车，根据行业特点为众测带来了一些特别的玩法，打造了新车超级众测。

1. 超级 IP

知乎上聚集了一批有影响力、能出圈的现象级汽车PU（Professional Users，即专业用户）。如新能源领域的博士"张抗抗"、汽车性能专家"王晓鹏"、汽车产品经理"卡日曲的狼"等，这些专业大咖是非常重要的新车内容曝光渠道，可通过他们讲解产品技术难点，输出专业理性、可信赖、有质感的产品内容，如资深媒体人、驾享其程创始人"林林"、汽车行业研究员"高小强"、极驾客资深编辑"穆卡"等，进行产品体验评说，从偏重感性的角度输出产品体验感受。对于品牌而言，新车上市过程中，可以考虑利用社会化问答平台布局本领域现象级PU（Professional Users，即专业用户），借助KOL（意见领袖）的影响力和背书作用，实现品牌与目标用户的积极连接。

在确定了现象级PU布局思路之后，企业可以借助平台，通过推送广告、首页浮层通知、热榜走马灯、汽车子榜高位等形式实现对用户的主动触达。

另外，还可以通过搜索页引导、个性化搜索结果显示等搜索场景拦截的形式实现对用户链路的进一步覆盖，充分捕获意向人群，引导其关注或深度参与超级众测，在沉淀内容的同时，建立与意向用户的连接。

2. 新品种草

在新车种草环节，企业可以充分利用专业 PU、跨界 PU 和真实 UGC 的内容，三方联动，实现专业化、多元化和生活化的体验内容输出。

具体而言，可通过专业 PU 的试驾体验输出专业化内容；邀请跨界 PU 参与，从多个视角切入，输出多元化的内容，从而打破部分用户对品牌的固有印象；通过真实的 UGC 带来生活化内容的输出，形成用户口碑。三个层面相互配合，打造专业、多元、有趣的内容，从而实现用户有效种草新车。

用户被种草之后，转化是关键。如何实现高效转化呢？品牌主可以在回答页设置专属试驾卡片，引导用户站内留资或跳转到站外品牌页面。这也是对用户在特定场景下体验需求的一种有效回应（如图 8-5 所示）。

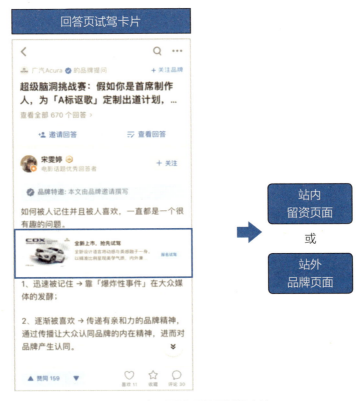

图 8-5　知乎平台回答页试驾卡片

3. 试驾引导

在试驾引导环节，企业可通过社会化问答平台上的官方账号以提问形式发起试驾体验招募活动介绍试驾参与模式及对应的报名链接；在参与过程中，可设置线下专场试驾和到店试驾两种机制，从而覆盖更多的意向人群。为了激发用户的参与性，企业可利用奖励机制，鼓励用户参与试驾及优质内容的后续输出，奖励形式可以包括"与知乎大咖一起，线下体验新车""千元现金，鼓励优质内容创作""知乎×厂商联名好礼回馈"等。

试驾引导环节的具体策略可参考以下两种：

策略1："超级星测官"专场模式

该模式指通过线上招募的方式，一方面，可定向邀约社会化问答平台头部PU；另一方面，可引导高质量意向用户报名参与。根据意向用户的产出能力、调性风格等，筛选出线下试驾体验的"超级星测官"。在线下体验环节，企业尤其需要注意全方位运营。为保证试驾体验效果，专业场地的选择是必要的，以及采用多机位记录也有助于全面呈现车内外的互动过程、驾乘感受等。在内容输出方面，则应提前预设几个角度，例如从驾控体验、选购建议、生活场景等几大方面，全面展示新车的特点。此外，用户在试驾之后，后续内容的传播至关重要。企业可借助社会化问答平台，增加内容权重，提升覆盖面，持续扩大内容的影响力，保持传播活动的热度。

策略2："全面众测官"到店模式

该模式则是在社会化问答平台上通过提问的方式，发布众测任务，公开招募"全民众测官"，引发关注。具体流程为：以线下到店领取见面礼的方式，激励用户点击链接领取到店试驾编码；试驾结束后，以回答提问的形式发布众测体验图文，输出内容；组织体验内容奖项评选，激励内容的二次传播。此外，社会化问答平台上的"圈子"产品发挥着凝聚圈层的作用，汽车品牌的内容发布可有针对性地选择汽车相关的圈子，从而提高转化率。

综上所述，以汽车行业的新车超级众测这一解决方案为例，可将整个营销过程细分为招募期、体验期和扩散期三个阶段。在招募期，以官方提问的方式，征集意向用户参与众测，然后通过人员筛选，确定参与体验的众测官参与试驾；在体验期，可以利用线下专场活动和到店试驾两种模式，强调对体验过程的策划、记录和传播；在扩散期，可采取评奖活动进一步激励优质内容输出和二次传播，提高众测内容的利用效率。

8.2.3 好物推荐

在社会化问答平台上，有众多关于选购的问题，每个问题都拥有被种草的无限潜能，这就是社会化问答营销强大的需求场景优势。社会化问答平台上的理性科普种草、跨界花式种草、体验式种草等方式都能够加速种草效率，这也是提升社会化问答营销转化效率的关键。此外，知乎官方的好物推荐栏目更是激发了带货达人的积极性，制造了浓厚的种草氛围。

具体的带货应用策略可参考以下几种：

1. 好物知播

直播也是当下汽车营销传播中的重要手段。在社会化问答平台上，通过专业的带货达人以科普性内容视角进行直播，更能契合汽车这类高卷入性消费的产品特质。以知乎平台为例，"好物知播"可成为汽车行业直播带货的有效选择。直播前，企业可利用直播预告订阅、线上直播海报分享、达人发布想法预告等多种预告方式提前进行预热；直播中，可由汽车领域达人进行新车试驾体验直播，并在直播过程中注重对汽车的基本情况、驾乘体验的介绍；直播后，可通过发布新车测评文章、视频等形式传递专业测评内容，刺激二次传播，沉淀优质内容。

2. 好物专区

好物专区可以实现优质带货内容聚合，促进意向人群关注、讨论、选购。以知乎平台为例，企业可利用站内的专题、圆桌等专区，通过专业达人进行内容科普，突出产品特质，并沉淀优质内容，激发UGC讨论，形成品牌的讨论阵地，继而实现产品的种草，并引导用户完成从兴趣到购买的链条转化。

3. 品牌互动红包

对有意向的用户，企业可以专属优惠引导，进一步加速其购买转化。例如当用户在品牌提问内有点赞、回答等行为时，会触发互动红包弹出，将其引流至品牌优惠页面或线下试驾页面。

8.3 汽车行业社会化问答营销的应用实例

8.3.1 捷豹：独家情豹，24小时直播拆车挑战

1. 营销背景

全新捷豹 XEL 专为中国年轻一代消费群体量身订造，实现三大全面进化：内饰全面换代、材料全面革新以及科技全面升级。其中，最能彰显"豹"之实力的，便是整车采用的轻量化航空级铝合金比例高达 75%，实现前后车身配重比接近 50∶50，为车主带来独有的驾控体验。伴随着全新捷豹 XEL 在市场中的呼声渐起，成功激起了用户对其全铝车身的好奇心和求知欲，如何用"打破砂锅问到底"的精神将"豹"之实力升华为"豹"之公信力呢？

2. 知式解答

（1）认识铝：知乎真相实验室"探店揭秘全新捷豹 XEL"

由知乎汽车官方机构号"知擎"率先发起提问"如何评价 2020 款捷豹 XEL？"触发知友热议，再由优秀回答者领读解答，聚焦用户关注。

同时，知乎真相实验室携捷豹邀请汽车界大咖工程师一起来到捷豹 4S 店发起探店直播，360 度解析全新捷豹 XEL，在直播间的对话框中导流至捷豹官网购车优惠链接，发放直播专属购车福利。

探店直播中，有"吃瓜群众"表示并不满足于单纯了解捷豹的外表，一条"求拆车"的弹幕引起了主持人的关注，随即主持人向捷豹官方提议"拆"一台全新的捷豹 XEL。

（2）拆解铝：岂能管中窥"豹"，24 小时"拆车"挑战

捷豹官方在知乎站内积极回应网友"刨根问底"的拆车挑战，随后在知乎发起 24 小时全新捷豹 XEL 硬核拆车直播。各路大咖携神秘嘉宾组成"豪华拆车团"直击拆车现场，带用户了解百年捷豹的辉煌历程、赛道基因，一边拆车一边解读全新捷豹 XEL 全铝车身的硬核实力，直播后发布精华版直播回顾文章与精彩回顾视频，形成硬核内容沉淀，由内而外为品牌背书。

（3）再塑铝：不止于拆，让它成为绝佳的出行伴"铝"

24 小时内，一台全新的捷豹 XEL 汽车在知乎直播间被当众拆解，而作为"玩物立志"的捷豹和"脑洞大开"的知友当然不会让这场拆车直播戛然而止，拆解下来的汽车"零件"及"全铝车身"，再通过知乎 PU 的创造力华丽变身为耐磨抗摔的"铝行箱"，发起全新捷豹 XEL 全铝车身"再塑"挑战。

8.3.2 雪佛兰创界：创造你的答案

1. 营销背景

2019 年，雪佛兰推出了面向年轻人的新锐 SUV——创界。雪佛兰创界为年轻人独特的生活方式和态度代言，也鼓励年轻人活出自我，勇敢做自己喜欢的事情。由于与知乎品牌精神的高度契合，雪佛兰在全新车系推出的传播过程中与知乎进行深度品牌合作，共同挖掘年轻用户的情感共鸣，鼓励用户创造答案；并将每个人的知识聚集起来，在将创界品牌推向市场的同时，力求让年轻用户对品牌产生真切的认同感。

2. 知式解答

（1）共创价值观："创造人生的答案"，为新品上市预热

雪佛兰创界从知乎点赞数最高的 5000 条优质短问答之中，层层筛选，选出 7 个问答，（如"问：怎样才算见过大世面？-答：能享受最好的，能承受最坏的"）最终汇集成一支人生问答短片，邀请受众和雪佛兰创界一起创造人生的答案，并通过全媒介呈献给了全国的年轻人。

（2）共创发布会："创造创界的答案"，创界全新亮相

知乎派驻权威意见领袖与艺术领域的优秀回答者"庄泽曦"、航天领域"卢西"、互联网领域"ALEX WAKER"做客创界上市发布会，分别从艺术审美的角度看创界的设计语言、从航天标准解读创界的驾控技术、从互联人工智能的角度解读创界车载智能系统，三个角度解读雪佛兰创界的与众不同。

（3）共创知乎大事件："创造年度答案"，升华品牌力

雪佛兰创界上市时恰逢知乎成立 8 周年之际，双方共同发起全网年度提问"哪个问答曾影响过你的人生？"并收录优质知友问答共创"知乎八周年年度问答视频"，再次引发知友热议。

（4）共创限量款车创界蓝："创蓝色答案"

跨界"英雄墨水"，共创一辆有墨水的车——创界雪乎蓝限量版。其名以"雪佛兰"品牌的"雪"字与"知乎"的"乎"字结合，配以英雄墨水一起调和的"雪乎蓝色"亮相。同时，创界蓝与知乎共同发行了一本"小蓝书"作为用户订车礼，在这本蓝色百科全书里，所有与蓝色有关的问题，都能找到答案。

8.3.3　长安马自达：万人众测揭秘"第三类悬挂"

1. 营销背景

向来以操控见长的马自达，凭借对技术的执着，一次又一次用黑科技为

消费者带来惊喜。在全新上市的次世代MAZDA3昂克赛拉的后悬设计上，马自达综合了传统独立悬挂系统与非独立悬挂系统的特点，同时基于车辆架构进行了改进与提升，带来了第三种后悬方案——SEB（Smart Expand Beam）蝶形仿生后悬系统。汽车悬挂系统作为汽车产品最重要的部件之一，主要功能用于支持车身、改善乘坐体验、提升驾驶安全性。然而，不同的悬挂结构搭配不同的调校风格，带来的驾驶感受也是不同的。因此，汽车悬挂系统的升级又被称作是一门"玄学"。为了揭开这门"玄学"，知乎联合马自达展开了一场万人众测口碑挑战。

2. 知式解答

（1）第一类"知擎者"集结，专业作答揭开谜题

长安马自达作为第一类"知擎者"，在知乎率先发问汇聚大众目光。发布街头采访视频发现消费疑虑与技术科普难点，吸引第二类"知擎者"——知乎汽车领域专家积极作答，提供专业的技术性解读提升"谜题"的含金量，通过更易理解的解答思路吸引潜在的第三类"知擎者"关注。

（2）第二类"知擎者"集结，大型"真香"体验报告

演员李菲儿代表第二类"知擎者"化身"车评人"亲身测评，发挥明星效应，进一步点爆流量。同时，知乎适时发布第三类"知擎者"万人众测官招募信息，邀请知乎用户参与"万人众测"，体验新MAZDA3和SEB的独特魅力，并制作了H5拓展站外报名渠道，激发全网潜在客户参与，纷纷化身第三类"知擎者"预约到店试驾体验。

（3）三类"知擎者"集结，万人评测报告出圈

用户在线提交产品细节评分和整体评测反馈，从而自动生成社交（social）属性报告结果，激发二次传播，使优质众测报告成功出圈。通过品牌、专家、明星、用户共同完成的数千次试驾，知乎从收集到的评测中精选

出近千条形成有价值的产品评测内容，并整理发布"次世代 MAZDA 3 昂克赛拉众测报告"，收录着每一位众测官的亲身感受与试驾评价，通过三类"知擎者"的层层揭秘，实现以用户口碑为产品强势代言。

8.3.4　一汽丰田：知乎在线车书，新车营销新知

1. 营销背景

作为一汽丰田旗下的重要车型之一，卡罗拉不管在外观、配置方面还是在动力方面均有着不错的表现。卡罗拉虽然十分耐用，但缺乏创新表现，使其渐渐成为消费者眼中的"老好人"。2019 年，全新第十二代卡罗拉亮相。一汽丰田希望发起一次从线上最广泛的人群认知延伸到线下 4S 店的传播，将"鲜为人知"的黑科技讲述给消费者听，将科技力转化为购买力。

2. 知式解答

（1）热门问题聚焦关注，多角度产品科普

在知乎上，卡罗拉结合已有内容资产的升级，从产品科技出发，针对热门汽车及车型问题，从安全性、硬核科技的角度解读卡罗拉"新"技术；立足品牌精神，针对泛生活热门问题，从工匠精神、品质感、幸福感切入，过渡到全新卡罗拉的亮点，使用户建立从技术层面到情感层面的品牌认知。

（2）三步筛出潜在意向用户，促进意向决策

一是通过覆盖用户阅读路径，植入线索，通过 H5 活动判断用户意向，引导用户了解全新卡罗拉线下活动的参与方法，从线上推广到线下参与新车试驾产生自然流量形成客户留资。

二是通过覆盖用户搜索路径，绑定"一汽丰田卡罗拉""卡罗拉""卡罗拉双擎"等关键词，以精准内容推送有效收割潜在客户。

三是通过覆盖 4S 店中自然人流，通过线下抽奖获得知乎盐选会员的互动

形式，激励用户到店登记信息并试驾全新卡罗拉，通过亲身体验判断购车意向与决策。

（3）优质内容线下授权，解答购车难题

通过用户画像和目标用户的重合，筛选出用户所关注的与卡罗拉相关的问题。精选后的相关内容以实物车贴的形式授权至一汽丰田全国 635 家 4S 店，取代传统批量印刷的车书，更加环保高效地解决用户购车难题。用户可以在当前的购车场景中，通过扫描车贴上的二维码查看专业的评车内容，辅助用户快速获得可信赖的优质问答，促进用户产生购车意向或决策。

展车车贴同时也方便 4S 店销售人员进行销售话术培训，销售人员可以随时学习产品的最新知识，提升整体销售素质，能够多角度、多维度、多场景地为到店用户带来更专业的解答，以及更好、更愉悦的试驾和购车消费体验。用知识诠释科技，链接客户情感，使其化为用户决策的内在动力，加速客户做出购买决策。

实训作业

1. 在知乎上选择 1~2 个你认为营销成功的案例，复盘其社会化问答营销的具体方案，分析社会化问答营销的独特价值。
2. 设想某国产品牌 C 即将上市一款 SUV，请拟写一份社会化问答营销策划方案。
3. 你认为品牌进行社会化问答营销应该避开的雷区有哪些？请详细说明。

第9章

不同行业的社会化问答营销解决方案

任务描述

随着越来越多的行业和企业意识到社会化问答营销的巨大价值,大家纷纷开始试水和布局这一方向。在经过了一段时间的运营之后,取得了满意的预期效果,并持续不断地探索各种全新的可能。作为新媒体、市场营销等相关专业的学生和从业者,我们要通过本任务,了解各个行业或企业如何运用社会化问答营销工具来达成自身的营销目标和增长目标,并在学习别人经验的基础上,思考应如何发挥社会化问答营销的巨大价值。

学习目标

知识目标

了解不同行业、不同企业进行社会化问答营销的案例。

能力目标

在学习成功经验的基础上,提升社会化问答营销的应用能力。

任务导入

这是社会化问答营销课程的案例学习环节,在这一任务中准备了各行各业的成功案例,以更直观的呈现方式,启发大家的创造性思维,使大家能够举一反三,探索出更多好玩有趣的社会化问答营销新思路和新玩法。如果你希望了解其他企业、其他营销者怎么运用社会化问答平台开展自身营销活动,并希望从中学习到更多的实操经验,那么,请认真完成本任务,你将会从别人的成功案例中学到很多经验,也会启发自己更好地运用社会化问答平台开展相关的营销活动。

任务解析

根据社会化问答营销活动的基本特点和行业应用情况,"不同行业的社会化问答营销解决方案"任务可以分解为以下四个子任务:

(1)电商行业的解决方案。

(2)教育行业的解决方案。

(3)数码家电行业的解决方案。

(4)美妆行业的解决方案。

社会化问答营销聚焦"问答"的内容形式。"一个问题一条街,一个回答一家店"形象地比喻了每个问题都覆盖了一个用户场景,可以是"时尚美妆街""潮流数码街"这样的消费场景,也可以是"休闲时光街""情侣恋爱街"这样的生活场景,每条街背后都隐藏着用户显性或隐性的消费需求。每个问题下的几十个乃至几百个优质回答,就像一家家生动的小店,从创作者的专业视角或个人体验,贩卖着知识科普、好物推荐、开箱评测、使用经验、品牌故事等领域相关的商业内容。最终通过用户对内容的消费和转化达成种草带货的目的。

不同行业对社会化问答营销的应用,因覆盖用户场景、传递品牌内容、达成营销效果的不同而各具特色。下面我们挑选我国最大的问答式在线社区——知乎,以及最具有典型意义的电商、教育、数码家电、美妆护肤四个行业,阐述针对不同行业的社会化问答营销解决方案。

9.1 电商行业的解决方案

在知乎,与种草、消费决策相关的问题十分丰富,覆盖品类广泛,涉及图书、数码、美食、家居生活、母婴、时尚、汽车、宠物等，每个话题下都有众多问题引发知友讨论，进行种草、拔草或购买。无论是电商平台还是单品电商，都可以通过高用户价值的优质回答实现种草带货的目的（如图9-1和图9-2所示）。

图9-1　知乎社区内容天然满足电商消费的决策场景

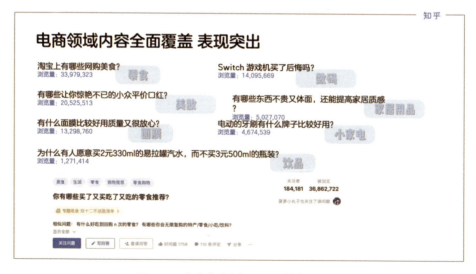

图9-2　电商内容在知乎各领域全面覆盖

当用户在知乎刷首页推荐、逛热榜问题、融入圈子等过程中，可以沉浸式地被内容种草。同时，在消费决策前先上知乎"查一查"也成为更多用户的行为习惯。借助知乎完善的消费闭环属性，用户可以在知乎实现从"种草"到"拔草"的一站式消费体验（如图9-3所示）。

电商种草氛围

强大内容土壤，天然形成用户种草消费习惯

「购物之前，先上知乎」

在消费决策前先到知乎查一查、搜一搜成为很多用户的行为习惯基于知乎平台日渐庞大的求购选品类问答体量，与快速增长的种草类内容消费量为解决品牌产品与用户体验闭环的问题，2020年知乎重磅推出"知+"内容服务

图9-3 知乎内容深度影响消费决策

在内容长效收益方面，电商领域的产品或者企业能够在知乎站内站外持续收割流量，触达所需的精准用户（如图9-4所示）。例如：专注手机领域观察，擅长产品测试、对比分析的答主"长亭Time"，靠单篇好物推荐文章GMV（商品交易总额）破千万元，点赞4万多，真正做到"字字千金"。

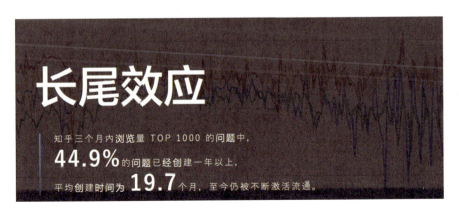

图9-4 知乎内容的长尾效应突出，可持续进行效果转化

在内容创作上,"使用场景型""攻略型""评测型""经验型"内容是最典型的电商类内容。不同于其他平台的 KOL,知乎的创作者是各行业的专业从业者和每个用户身边"的朋友",极易与用户建立"水平信任",具备"内容种草"的天然优势。"知+"商业内容解决方案提供了丰富的内容互动组件,方便用户被内容种草后,跳转至电商页购买,或跳转至企业运营的私域流量池进行商品信息的深度咨询,形成闭环的后链路营销转化(如图 9-5 所示)。

图 9-5　知乎丰富的内容互动组件

9.1.1　dearBOYfriend 亲爱男友

1. 营销背景

受到社交媒体宣传和偶像类综艺节目等多方面因素的影响,90 后、00 后新生代男性的审美意识在不断提高。同时,伴随着"单身""颜值"等网络热词的兴起,男性理容护肤市场已经成为一个有待挖掘的金库,男士开始追求"得体、高级、时尚、自我"的个人形象。

dearBOYfriend 亲爱男友作为专为中国年轻男士打造的一站式专业理容潮流品牌,自上线以来,明确自身内容层面的营销重点,希望通过营造"生活方式+生活场景"进行品类升级,为品牌目标用户营造一种"氛围感"。

2. 知式解答

（1）消费决策初期，内容触达力升级

dearBOYfriend 亲爱男友通过在知乎平台营造不同产品的使用场景，瞄准为男友买护肤品的"女生"打造情感故事。联合知乎 KOC（关键意见消费者）以男女朋友视角作为切入点，以女性为主视角从日常生活场景入手，进而介绍产品的香味和功效，实现其他女性或男性用户对内容描述场景的想象与向往，将产品打造成一枚具有情感媒介价值的"社交货币"。

通过增加品牌与消费者的情感共鸣和沟通，进而以此类日常生活场景型内容，帮助品牌传播生活理念，同时避免产品陷入竞价模式（如图 9-6 所示）。

图 9-6　通过知乎问题从日常生活场景切入消费需求

（2）消费决策中期，内容信任力升级

dearBOYfriend 亲爱男友品牌自媒体以官方视角高频创作与产品相关的内容，结合知乎平台 KOL、KOC、路人创作者试用产品进行分布式回答，提升用户对品牌产品的信任感，通过多方协作解决品牌冷启动内容量不足的问题，通过爆发式内容创作配合知乎"知+"加速分发内容。

此外，品牌方使用了"知+"选题工具锁定适合品牌方回答的五个问题，将选题精准定位到细分的类目和商品进行针对性回答,为 dearBOYfriend 亲爱男友积累用户正向互动(如图 9-7 所示)。

核心亮点 2 「创作矩阵」 **多种渠道途径的内容创作,丰富人设**
自发生产的内容贴合商品特性,代理商创作解决内容量不足的问题,知+内容参考适用知乎场景

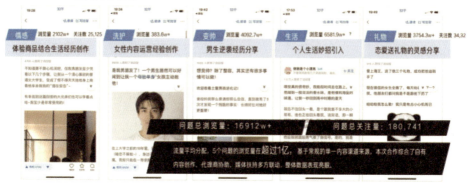

图 9-7 借助知乎问答多领域全方位曝光

(3)消费决策后期,内容长效力升级

用户在知乎从关注问题到阅读回答再到通过"知+"插件跳转至购买页转化完成购买,完成了从内容种草到消费闭环的目标转化。同时,用户会将使用心得和产品口碑再次分享,品牌可将用户反馈内容截图置于商品详情页中,加速消费者购物决策。成功收获 1+1>2 的消费效应(如图 9-8 所示)。

核心亮点 3 「搜索引流」 **优质内容种草商品,带动淘宝自然流量增长**
好内容成就好生意,好商品塑造好口碑,成功收获 1+1>2 的消费效应

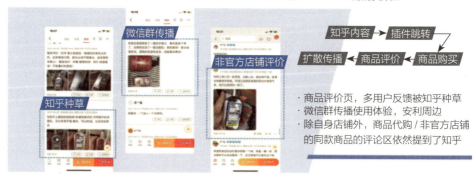

图 9-8 通过知乎插件跳转完成消费闭环

9.1.2 康尔馨 Careseen

1. 营销背景

据世界卫生组织统计,"全球三分之一的人有睡眠问题,超过 27% 的人有更严重的睡眠障碍"。更有公开数据进一步指出,超过 3 亿中国人有不同程度的睡眠障碍,成年人发生失眠的概率更是高达 38.2%。知乎有关"睡眠"的话题下,有 2 万多人在关注"如何提高深度睡眠质量?"面对快节奏、高强度的都市生活压力,健康、高质量的睡眠对于大多数人来说变成了一种奢侈。越来越多的人开始重视选用舒适、优质的卧具床品来改善睡眠,枕头、被子及四件套等床品消费呈现明显的品质升级趋势。健康、高质量的睡眠关乎"质"和"量"的有机统一,健康舒适的寝具对于高质量的睡眠极其重要。

康尔馨 Careseen 酒店家纺专注五星级酒店布草 26 年,其家纺产品承载了五星级酒店的格调,秉承"五星级睡眠与舒适带回家"的理念,致力于让消费者更加便利地拥有和享受到五星级酒店风格的高品质家纺产品。

2. 知式分解

(1)选题内容优化,让新兴概念"从 0 到 1"

"酒店"是商旅人群在知乎上探讨的核心话题之一,超过 26 万位知友在知乎畅聊酒店住宿体验和床品睡眠感受。康尔馨 Careseen 官方机构号锁定知乎站内与之相关的高关注度话题进行专业的分享与解答,为品牌开辟"酒店家纺"的新兴消费细分场景,助力其打造"五星级酒店带回家"的产品理念与市场定位。

(2)站内内容布局,抢占用户"目光所及"

康尔馨 Careseen 官方机构号联合行业 KOL 的分享视角产出十数篇文章与回答,通过"知+"实现内容的加速布局,其中对"为什么五星级酒店那样舒服的枕头外面很难买到?"与"为什么希尔顿、万豪、洲际等豪华酒店里的床睡起来那么舒服？"等问题的回答内容精准触达目标客户，从消费"认知"与"心智"上影响着消费者的消费决策，实现产品种草。

（3）转化组件无感，不做反感的"自卖自夸"

品牌方在文章或回答的内容末尾处结合知乎"知+"插件软性植入相关产品推荐，用"种草""安利"的分享角度将产品推荐给用户，实现消费场景的闭环流通，让用户不必自行查找产品的购买途径，缩短消费者决策链路，达成店铺引流与消费转化（如图9-9所示）。

图 9-9　知乎无感转化组件

康尔馨 Careseen 在知乎平台的官方机构号在商业化运营不到 1 个月即实现其累计赞同数较没有正规运营前所有的赞同数翻了一番，持续运营第 2 个月所带来的赞同数相比过去 8 个月累计赞同数高出 10%，同时，康尔馨 Careseen 官方机构号粉丝关注量增长 30%。在"双十一"大促期间，其流量与订单转化量均达到峰值。

9.2 教育行业的解决方案

知乎是教育行业天然的"内容池"和"用户场"。

多数知乎用户的年龄、学历、职业与教育行业的目标受众完美匹配，拥有留学、职业培训等多元的终身教育需求（如图9-10所示）。

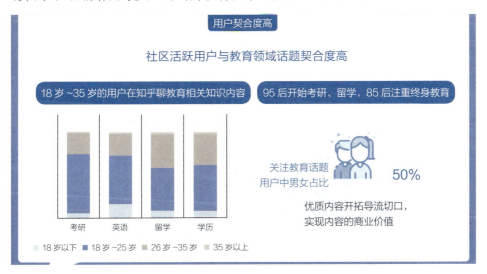

图9-10 知乎用户与教育行业的契合度

作为中文互联网综合性内容社区，知乎上的内容具有天然的"知识"属性，其教育领域相关话题的浏览量和关注度都处于知乎各内容领域的头部位置，这些话题覆盖了教育产业的不同细分领域（如图9-11所示）。

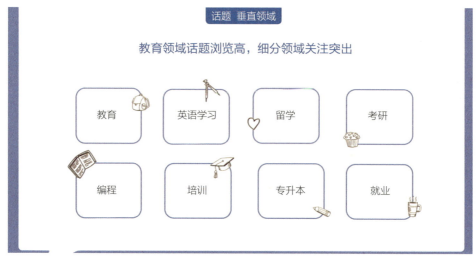

图 9-11 知乎教育内容细分领域

同时,知乎各垂直领域的优秀创作者也呈现多元的、深远的影响力,生产出大量与教育领域相关的专业内容(如图 9-12 所示)。

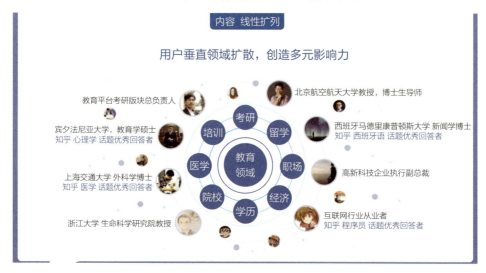

图 9-12 知乎内容在教育领域的影响力

教育行业的客户可以利用"知+"内容服务解决方案,在知乎建立起"品牌账号+个人账号+多PU账号"的矩阵;根据不同账号的特点树立起不同的人设。利用选题工具选择教育领域最具热度的精准类或泛话题类问题，撰写以分享经验、总结方法、提供工具为主的"人设文"，同时辅以提供深度咨询、提供免费资料、领取试听课程等互动组件，完成内容的交付闭环。

9.2.1 留学快问

1. 营销背景

根据教育部官网的消息：2017年，中国出国留学人数首次突破60万大关，达60.84万人，继续保持着世界最大留学生生源国地位。

"留学快问"是国内一家中立的第三方留学服务监管平台，旨在帮助学生更方便快捷地找到放心靠谱的留学服务，目前已为超过20 000名学生提供过留学服务支持。面对国内逐年增长的教育行业的规模与红利，用户付费意识的养成，对教育投入的逐年升高，体现出用户对教育的重视程度越来越高，也更愿意为获得高质量的教学体验而投资。留学快问希望结合知乎天然的"知识"内容平台属性，打造留学顾问第一服务平台的形象。

2. 知式分解

（1）企业账户矩阵布局，角色分工有求必应

"留学快问"早在2016年便加入知乎进行内容营销，其本身具有较强的内容撰写能力，但由于留学行业的特殊性、1对1服务机制、收费标准不同，所以该企业通过建立"留学快问"的知乎主机构号、@小璇爱吃冰淇淋、@伊伊森等个人账号组成企业账号矩阵，发挥其内容优势，逐步确立不同账号的分工与定位，面向各领域人群进行内容广泛覆盖。

（2）评估文章的优质程度，提升文章阅读量

截至2019年，知乎平台教育领域有关"留学""考研"的相关问题已超过13万个，浏览量超2.1亿，被104万位知友所关注。"留学快问"利用站

内留学细分标签下高赞高活跃用户提出的问题下的回答，截取前 30~40 个字进行导语优化，筛出同类问题进行多方向关注，提取数据进行特征分析，建立模型方法论；配合"知+"插件有效提升咨询转化率。

（3）用户口碑建立良性循环，长尾流量促进咨询

"停投即消失"的广告没有长尾效应，而内容营销恰恰相反：知乎内容的平均流通时长是 8 个月，问题的平均流通时间则长达 18 个月；广告不会带来自然的内容生长，而好的内容可以持续发酵。

"留学快问"通过引导已购课学员来知乎作答，用真情实感的服务体验为企业带来更多方面的口碑建设，为品牌沉淀 UGC 内容口碑，影响更多目标潜在客户购课咨询，以优质内容收割长尾流量，带来更多的服务咨询转化（如图 9-13 所示）。

图 9-13　知乎"留学快问"社会化问答营销高效长尾效果

9.2.2　开课吧

1. 营销背景

Web 前端开发作为近年来热门的 IT 行业岗位之一，备受企业的青睐，不少年轻人希望通过系统学习掌握过硬的前端开发技术，该岗位不仅薪资水平过硬，而且对人才的需求量也相对较高。

"开课吧"是慧科集团旗下提升泛互联网人职业能力的平台，整合全球知名 IT 和互联网企业优质师资及实战项目，面向 IT、互联网、产业互联网以及使用互联网技术和应用的广大泛互联网从业者，提供体系化在线课程（主推课程：Web 前端、python、java 等），满足用户多层次和个性化学习需求，实现职业提升和可持续成长。

2. 知式分解

（1）专业知识打造专栏之书

"开课吧"在知乎平台分享了一套由浅入深从 Web 入门"面试题"到"框架搭建"的前端开发专栏之书，吸引同好评论互动、探讨行业技术，获得"吃瓜"知友的认可和称赞，引起知友的"吃瓜"催更，为品牌建立起"学术专业""经历丰富"的人设背书（如图 9-14 所示）。

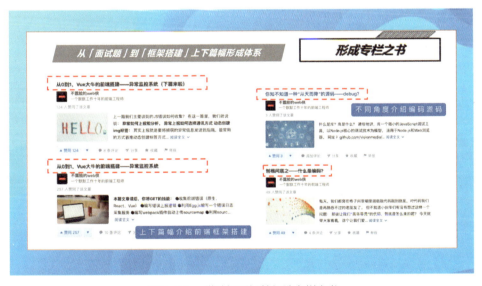

图 9-14　借助知乎问答打造专栏之书

（2）与知乎创作者共同创作

将品牌创作的内容推送给知乎"有相关工作经历"或"有相关学习经验"的用户，以幽默风趣又不失专业态度的方式回答知乎站内 Web 相关热门提问，收获目标潜在客户的好感与认可,配合品牌小单课程试听,提升并转化"开课吧"的报课率。

(3)热门问题花式硬核解答

针对 Web 小白和目标潜在客户的转化,从大开口话题展开深入浅出的内容撰写更容易聚焦"标题党"的关注,以硬核内容如图文并茂,加上社交话风幽默亲切,获得广大知友的信任,从而提升品牌"小课转大课"的购买率,为品牌获得高点赞与高曝光,打造营销闭环。

数码家电行业的解决方案

数码家电产品本身具有高科技含量,其较长的决策周期特别适合消费者在知乎这样的社会化问答平台上进行决策前的深度学习。

知乎站内拥有海量的数码家电领域话题,产品内容涵盖数码家电产品的全生命周期,需要品牌主提前做好全方位的内容布局(如图 9-15 所示)。

拥有天然的数码家电的讨论土壤

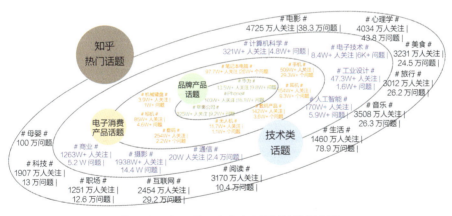

图 9-15　知乎数码家电内容领域的数据表现

在新品的口碑发酵期间,知乎提供了由大咖研究团成员情报收集、揭秘到热议、汇总,实现新品盲约的系统的舆论发酵解决方案,能够迅速提升每一个数码新品的口碑热度(如图 9-16 所示)。

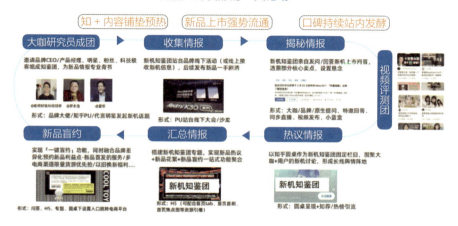

图 9-16 知乎数码家电新品口碑发酵解决方案

在新品发布的营销节点，知乎平台上数码家电领域的专业人士会提供硬核的技术科普、极客的玩家评测以及真实的买家体验，全方位引爆新品带来的时尚潮流（如图 9-17 所示）。

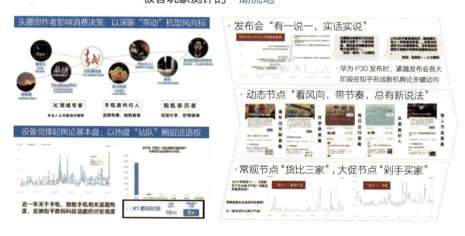

图 9-17 知乎数码家电新品上市解决方案

在每一个电商大促的营销节点，知乎站内数码家电产品的消费决策类问答的热度都会呈现爆发式的增长，有效帮助品牌主实现转化带货（如图 9-18

所示）。

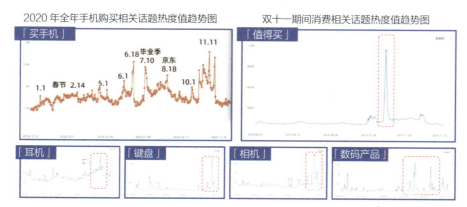

图 9-18　知乎数码家电内容领域电商大促节点的热度表现

9.3.1　AIRFLY 鱼子酱高速吹风机

1. 营销背景

随着中国中产阶级的不断壮大以及新生消费力量的崛起，国内个护电器市场增长趋势明显，作为个护类产品中的热门品类，吹风机的市场规模也呈现出持续增长的走向，中国家用电器协会发布的《2018美健(个护)电器行业研究报告》显示，2017年美发护理小家电零售额同比增长49%。

目前市面上推出的吹风机越来越具科技感，不仅有"数码变频马达、流体倍增"吹风机，还有各种负离子、纳米离子、矿物离子、胶原蛋白、纳米铂金、纳米水离子吹风机，中高端电吹风机产品日渐呈现出"群雄逐鹿"的态势。

AIRFLY作为创新推出成分养发概念的高端女性个人护理品牌，以颠覆性的吹风理念，带来全新的鱼子酱高速吹风机。以养肤的标准养发，推进强大气流吹出高速飓风，同时加入珍稀养发成分小分子鱼子酱精华，形成发丝保护膜，能够让头发速干的同时帮助改善受损发质。但AIRFLY鱼子酱高速吹风机作为全新的产品,如何进行用户认知与口碑上的冷启动成为产品亮点的传播难点。

2. 知式分解

(1) 一"石"激起千层"浪"

AIRFLY鱼子酱高速吹风机搭乘全新上线的"知众测2.0",为品牌高效招募知乎优秀内容创作者;结合@知乎科技、@知乎时尚 官方机构号助阵众测活动扩圈传播,实现活动冷启动,上线3天便吸引大量精准受众关注报名参与活动,其中,精准领域用户高达70%,盐值优秀用户高达48%(如图9-19所示)。

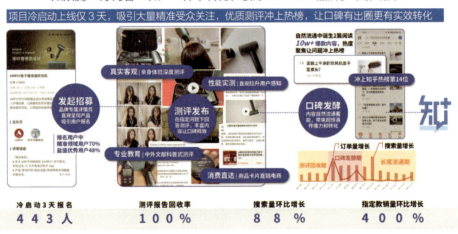

图9-19 知乎营销工具组为品牌快速沉淀优质内容资产

(2) 各领"风情"数百"篇"

AIRFLY从433条众测活动的申请中筛选出20位知友作为活动的产品众测官,产出20篇带有丰富图文、视频的测评报告,其中不仅有用户通过多次亲身体验产出的真实客观的深度测评,还有分析跨界不同领域的不同需求,进行横向对比的测评,从数据到原理,从体验到创意,不限于图文或是视频,以多种形式全息种草。其中有论文大户参考 6 篇中外文献的科普式测评、也有视频达人通过实测小视频直观展示出产品的强大功能，直线拉升了用户感知。

在测评内容的自然流通中，诞生了两篇阅读 10 万 + 的爆款内容，上线三天产出 25 笔订单，合计金额达 3.7 万元，高权重用户创作的内容带来高热度互动，回答问题通过自然流量冲上知乎热榜第 14 位。在产品口碑发酵期，品牌在站内搜索量环比增长 88%。

（3）形成"一劳永逸"的带货根据地

AIRFLY 通过"知众测"产出的高品质 UGC 内容不仅为其带来口碑增长，也通过口碑与真实内容的长尾流通与好物推荐卡片的闭环转化，对用户进行了最原生的持续种草，打通了品牌高效转化的渠道，为品牌带来百万级成交金额，投资回报率超过 1∶1。让 AIRFLY 在短短 4 天时间内，依靠知乎带来 400% 的销量环比增长。知友们为品牌所创造的原创内容的价值将持续不断地影响更多用户的消费决策，相关问题的搜索与聚合为品牌带来品效合一的消费转化。

9.3.2　DJI 大疆机甲大师

1. 营销背景

2019 年 6 月 12 日，DJI 大疆推出旗下首款教育机器人：机甲大师 RoboMaster S1。与此同时，@DJI 大疆创新 在知乎站内发起关于新品的提问"如何看待大疆创新发布首款教育机器人机甲大师 RoboMaster S1？"并在问题下方围绕新品面向热爱大疆、热爱机甲的用户展开了全面的功能科普与技术答疑，希望机甲大师 RoboMaster S1 教育机器人能够让用户在享受竞技乐趣的同时，了解人工智能和编程知识。

知乎上聚集着大量热爱科学、喜欢探索的科技发烧友，他们在知乎求知发问，也乐于参与相关问题的解答，这让知乎平台沉淀着许多"宝藏问答"。

如今，知乎上的那些"宝藏问答"仍然能够通过"知+"被重新唤醒，DJI大疆旗下的首款教育机器人也顺势被那些乐于"寻宝"的用户发现，成为永不过时的"心头好"。

2. 知式分解

（1）找到那个直击用户的问题

我们挖掘出2019年6月@DJI大疆创新在知乎发布的提问"如何看待大疆创新发布首款教育机器人机甲大师 RoboMaster S1？"，该问题在知乎已经有一定周期的流通，问题所关联的"大疆""机甲""教育机器人""儿童教育""科技"等标签能帮助我们锁定潜在目标客户，通过复用该提问覆盖对科技产品感兴趣的用户池。同时，该问题下的内容受内容兴趣与专业度的影响被收录在相关领域专题，间接实现了品牌公信力和产品口碑的背书。

（2）旧问新答重新唤醒用户记忆

旧问新答是对该历史提问进行二度创作，将优质回答内容绑定"知+"重入大众视野，收获大量内容曝光、阅读与互动，用户积极地在回答内容的评论区积累互动评论，主动了解产品购买途径，对产品表现出明显的兴趣。我们从评论区看到，用户对大疆和机甲相关内容的关心和兴趣度很高，从侧面提升了品牌口碑和产品知名度，有效促进了后端转化。

（3）"知+"内容加速精准转化，投资回报率大幅提升

应用"知+"在回答内容中内置产品介绍和购买插件，通过内容推广的形式精准触达目标潜在客户，有效影响用户消费决策，收获正向转化效果，DJI大疆在半年内收获13536次阅读，单次阅读成本约0.3元，产生737次插件点击，插件点击成本约5.4元，达成用户的精准转化，投资回报率大幅提升。

9.4 美妆行业的解决方案

"美妆护肤"是知乎上重要的消费类内容领域,无论是成分党的知识科普,还是体验派的经验分享,各种观点互动碰撞,实现了对美妆护肤产品全方位的口碑种草(如图9-20所示)。

图9-20 知乎美妆护肤内容领域的数据表现

知乎海量的"美妆护肤"类用户与优质内容催生的社会化问答营销解决方案,能充分满足企业不同营销场景的需求。

针对新品上市的营销场景,知乎提供了从上市前的"试用种草"口碑预热,到上市期间的"新品众测""脑洞实验",再到上市后的"招募任务"全员种草的系统解决方案(如图9-21所示)。

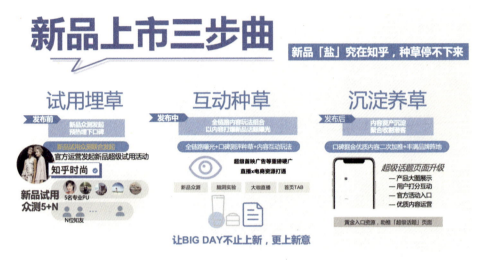

图9-21 知乎美妆护肤新品上市内容解决方案

对"美妆护肤"类企业最为关心的各个季节节点、节日节点、电商节点,知乎提供了联动站内热点话题、热点IP活动等系列内容解决方案,有效保障品牌的持续热度增效和长尾种草带货转化(如图9-22、9-23所示)。

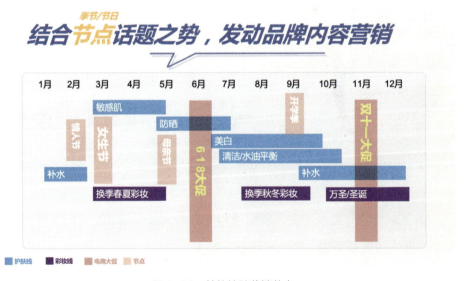

图9-22 美妆护肤营销节点

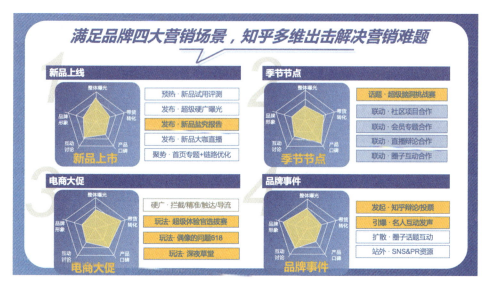

图 9-23 知乎美妆护肤营销节点解决方案

9.4.1 兰蔻菁纯

1. 营销背景

2019 年年末，兰蔻重磅推出与抗衰老产品功效强相关的"把时间凝于掌间"的护肤主张。关于抗老与变老，知乎拥有探讨此类话题的天然热度氛围，并且存在有争议性的两种对立的声音。当一个颇具争议的话题遇到一个拥有"辩论精神"的平台，一瓶把时间凝于掌间的传奇面霜，在知乎引发全民"向变老发问，向时间开杠！"

2. 知式分解

（1）联动网络综艺节目，探讨抗老宣言

借势全网人气网络综艺节目《奇葩说》的火爆上线，由兰蔻在知乎发起对"变老是否由自己决定？"的话题讨论，特邀人气辩论网络综艺节目《奇葩说》的王牌姐妹花辩手 @詹青云和 @庞莹，以及知乎人气优秀回答者们，分别站在对立立场发布自己的"变老"宣言，为兰蔻菁纯"把时间凝于掌间"

的护肤主张提供更丰富多元且专业的内容视角。集合讨论中的优质金句，点题品牌护肤主张，凸显产品形象，兰蔻通过在线辩论的形式，引导消费者理解并认同品牌诉求，强化品牌与消费者的情感连接。

（2）专业背书，积淀品牌资产

药剂配方师 @Gigi 用专业知识剖析兰蔻菁纯面霜产品的成分，解读其抗老产品力，更有多位美妆护肤行业领域的答主产出多篇优质科普内容，为品牌沉淀大量的内容资产，丰满兰蔻菁纯抗初老面霜的产品形象。

（3）热榜助力，打造爆款流量

兰蔻借势知乎热榜，助力该话题成为当日知乎最热内容之一，并通过良性循环扩大舆论声音。投放期间在知乎站内"抗衰老"的相关话题中，兰蔻新品话题浏览量、回答量等各项数据名列前茅，知乎站外如百度、谷歌等平台上其在"变老"相关关键词的搜索领域排名均为第一。

9.4.2　朗仕 LAB

1. 营销背景

2021年年初，雅诗兰黛集团旗下首个男士专属护肤领导品牌 LAB SERIES 朗仕计划大力宣传"男士抗老"理念，并借此推广其品牌高端系列——"四重胜肽"锋范四部曲。传递"高端感＋专业感"的品牌认知，收获一众男士用户的好感，打开了朗仕市场声量。知乎作为男性用户占比较大的优质内容平台，为本次营销提供了得天独厚的条件。

2. 知式分解

（1）知乎十年男士观察报告

2021 年 1 月初，知乎结合社媒热点，首次对比分析过往十年来的问答、分享内部洞察数据，携手朗仕从男性视角发布群像白皮书，展现男性在时光变迁下的多维改变,向大众进行广泛的认知传播(如图 9-24 所示)。

图 9-24　知乎携手朗仕推出《男士十年变迁报告白皮书》男性市场洞察报告

(2)共创高价值社会问答

在知乎十周年之际,知乎联合朗仕共同打造了有关男士十年变迁的超级议题,通过征集广大男性的真实变化心声,引爆大众对"白皮书"以及"男士老化话题"的热议。

(3)LAB 锋范进阶专业科普

为进一步向对护肤感兴趣或有需求的男士提供可信赖的科学依据,知乎特别邀请年度最具影响力的皮肤科医生,与 3 名男性志愿者共同进行了直观的 Before&After 临床实验,为朗仕"四重多肽"技术成分提供严谨客观的知识解析。

(4)专题汇聚,权益搭车影响力+

最终,知乎整合前期宣传的内容精华为 LAB 男士抗老宣传搭建了长效可见的专题,并与品牌联动,搭建平台十周年"吾辈问答"大型活动进行线上线下整合传播,为品牌在站内站外带来了极高的热度(如图 9-25 所示)。

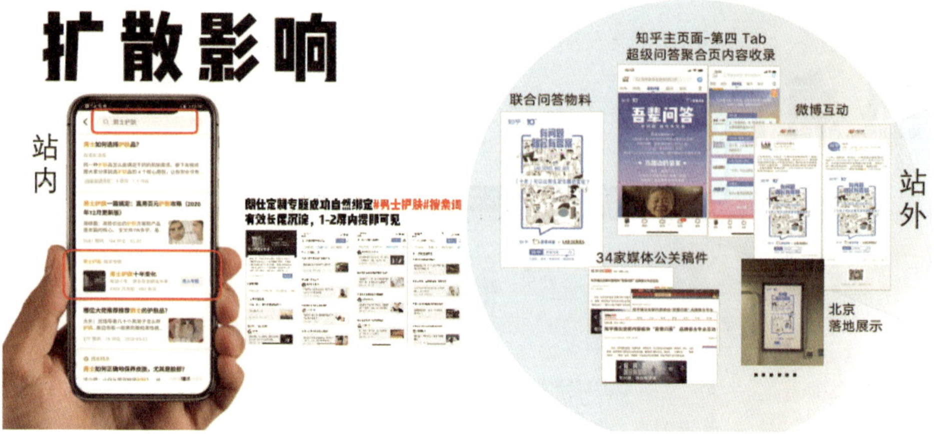

图 9-25　借力知乎十周年专题扩大营销影响范围

知乎联合朗仕打破男性对抗初老护肤的认知壁垒。通过结合社会媒体热点，首次对比分析平台内过往十年来的问答、分享内部洞察数据，聚焦男性在时光变迁下的多维改变，以男性视角创作并发布全网独一无二的《男士十年变迁报告白皮书》。让具备共鸣的时代话题、社会热议唤醒大众对于男性初老的认知兴趣，也为未来男士的抗老认知打下了坚实的基础。

实 训 作 业

1. 选择一个你喜欢的品牌，为它策划社会化问答营销方案和具体落地活动。
2. 总结学习过的社会化问答营销案例，在这些案例成功经验的基础上，你发现了哪些共性？
3. 在学习了社会化问答营销的课程之后，你认为在知乎上做营销，企业还可以有哪些创新的玩法？

第 10 章

社会化问答营销的未来图景

任务描述

随着越来越多的移动互联网平台和企业从纯流量思维向内容运营逻辑发生转变，社会化问答营销将会以更深度的内容、更高度的信赖、更广度的覆盖等特征获得更多的关注和青睐，并成为未来所有大中小型企业开展营销互动、树立品牌形象、沉淀内容资产、深耕私域运营的必选项。社会化问答平台也将会在自身生态完善的过程中，不断引进新技术、新理念、新功能、新模式，从而不断拓展社会化问答营销的想象空间。作为新媒体、市场营销等相关专业的学生和从业者，我们要通过本任务了解社会化问答营销未来的发展趋势，把握其基本的发展规律和创新方向，以便提前布局，获得更好的营销效果和更持久的业绩增长。

学习目标

知识目标

了解社会化问答营销未来的发展趋势。

了解社会化问答营销的创新方向。

能力目标
能够根据企业整体战略制定未来的社会化问答营销策略。
能够把握社会化问答营销的发展方向。

任务导入

这是学习社会化问答营销课程的最后一项任务,它虽然不像前面的很多任务那样足够具体,可以开展实际操作,却也是一项非常重要的任务,因为它关系到我们对于社会化问答营销未来趋势的判断,以及个人能力和企业资源如何在未来进行调整和分配的问题。只有了解社会化问答营销的发展趋势及其可能性,我们才能未雨绸缪,以便在时机到来时牢牢把握住它,创造更好的营销和增长奇迹。如果你希望在毕业之后从事社会化问答营销的工作,如果你已经工作并且想要转型进入社会化问答营销的领域,如果你所在的企业或行业需要社会化问答营销来助力推动销售额的增长。那么,请认真完成本任务,你将会从整体上理解和把握社会化问答营销在未来三至五年时间内的基本走向。

任务解析

根据社会化问答营销活动的基本顺序和职业教育学习的基本规律,"社会化问答营销的未来图景"任务可以分解为以下三个子任务:
(1)社会化问答营销过程中需注意的问题。
(2)创新社会化问答营销的策略。
(3)社会化问答营销的发展趋势。

10.1 社会化问答营销过程中需注意的问题

10.1.1 营销与内容的关系问题

无论是企业还是从业者，在开展社会化问答营销活动时，都需要在根本上扭转过去的营销思维，尤其需要改变那种"内容从属于营销"的错误认知。在社会化问答营销活动中，内容本身就是营销，优质的问答内容、图文内容和视频内容本身就自带营销价值属性，只有让用户在阅读或观看相关内容的时候自己做出想要购买某件商品或服务的决策，才是移动互联网时代更高维的营销打法。社会化问答营销就是这样一种全新的高维打法。

延伸阅读 《内容即是营销，品牌内容营销建设为新趋势》

在一篇题为《内容即是营销，品牌内容营销建设为新趋势》的文章中，作者袁帅提到：

互联网时代，消费者对信息的自主选择权日益强化，再加上信息传播的碎片化和海量化，传统的灌输式广告只会让用户反感，用户只关心自己感兴趣的内容，尤其是在移动端的小屏上，并不适合显示硬广告。这时候，硬广告开始逐渐退出市场，取而代之的是内容营销。在理想的状态下，信息流原生内容通过数据挖掘，能够在合适的时间、合适的场景下，把有机融合了营销信息的内容推送给目标用户，做到内容即营销、营销即内容，潜移默化地影响消费者的决策。内容营销更应该是一种思维，在营销的任何环节，营销人员都有机会创造内容，营销即是创造内容。未来的营销，一个最大的趋势就是内容化。所有的市场营销人员都应该跟随营销环境的变化，积极转换营销思维，让内容营销成为一种思维模式。以内容为支点，让每一次传播、每一场活动、每一个触点，都变得更具社会化和生命化。

10.1.2 品牌与效果的关系问题

随着商业环境的变化、营销技术的升级以及效果广告的崛起，能实现效果转化的营销就是好营销、品牌无用无效、爆品胜于品牌、流量才是硬道理等说法不绝于耳，这不但给所有企业、媒体和营销等领域的从业人员制造了一波又一波的焦虑，也使我们不得不一遍一遍地重新思考当下乃至未来的营销方向及其可行方式。

必须承认的是，用户的碎片化注意力使得传统投入大预算、大创意和大媒体的营销打法越来越失焦，沉淀长期品牌资产的难度越来越大；与此同时，营销移动化和实效化带来的消费决策链路的压缩，使得企业逐渐将目光转移到流量转化的短期效果上来。但这并不意味着品牌本身的价值失效了，只能说明品牌方塑造品牌的具体方式失效了。越是高度依赖短期转化效果的产品，越需要在这个全新的直播营销环境下重视自身品牌的打造。否则，哪怕是今天已经成为炙手可热的爆款产品，如果没有在用户心智中形成可信赖的品牌记忆，依然会被不断涌现的"后浪"爆款拍死在沙滩上。

效果广告的确能在一定程度上帮助企业在短时间内聚集较为可观的公域流量，甚至在一定程度上也会为企业自有账号带来涨粉效应，形成所谓的私域流量。但无论是公域流量还是私域流量，我们在关注其数量的同时，更应该看重其质量。说到底，流量终归只是用户消费决策链路的注意力起点，企业有了流量并不意味着销售的转化，更不意味着与用户持续地沟通互动乃至品牌口碑的建立。从长期的品牌塑造来看，目前绝大部分效果广告尚无法承担这项艰巨的任务。

过去传统的营销方式要么偏品牌传播，要么偏效果转化，很多时候无法实现品效之间的有机融合，这也是企业和从业者在投身社会化问答营销活动时需要避开的一个误区。社会化问答平台上内容流通的长尾效应和长效机制，使得它一方面能够在一段较长的时间周期内，不断面向精准用户群体进行持续分发与持久传播，从而形成一定的品牌影响力；另一方面，用户在阅读相关问答内容的过程中也会受到内容的影响，从而形成即时的决策，并在一定程度上转化为实际的购买。因此，在开展社会化问答营销活动时，各方需要回避品牌与效果非此即彼的误区，实际上，社会化问答营销在很大程度上可以实现品效融合的目标。

10.1.3　短线利益与长线价值的关系问题

效果与品牌的问题，从另一个角度来看，实际上也是短线利益与长线价值的问题。对于营销来说，无论在大众传播时代还是移动互联网时代，所谓的增长都不只是单纯地吸引流量获取注意力，那些仅仅因为价格原因而形成转化的用户很难为企业长久发展带来真正的价值。当然，这里并不是不建议企业投身效果营销领域。恰恰相反，笔者完全赞同企业在其营销矩阵中开辟一块效果营销的新天地，但应注意的是，千万不要将短线营销的效果看成全部，更重要的是用户的生命周期价值。

在整个营销体系中，短线营销的效果与其他营销工具和策略协同调节着企业的短期利益与长期价值。当然，短期利益永远存在而且至关重要，它是企业得以存续的经济保障。但在此基础上，所有营销人员都必须牢记，品牌才是最稳固的护城河、最稳定的流量池和最稳健的投资策略。甚至，越是短期利益面临巨大压力的时候，从业者就越应该保持清醒的头脑，以避免营销战略上的短视。

在社会化问答营销过程中，短线利益和长线价值之间的关系也需要综合权衡，如何更好地平衡二者之间的关系，需要企业和从业者在实际的业务中不断寻找答案、不断探索各种新的可能性。不同的企业，往往有着不同的答案。

10.2 创新社会化问答营销的策略

10.2.1 问题即痛点，答案即营销

在社会化问答平台上，当用户提出一个具体问题的时候，往往意味着其问题背后有着或明或暗的痛点。有时候一个痛点可能对应一个或多个解决方案。尤其是那些浏览量、关注量和回答量多的问题，更是意味着某一个或多个痛点普遍存在于浏览和关注这类问题的群体之中。

这时候，一条优秀的回答就是一个针对痛点问题给出的解决方案。怎样以更具体的创新方式去解决用户的问题，给出答案，并在给出答案的过程中深度影响用户的认知和消费决策，已成为营销人员在开展社会化问答营销活动时需要不断思考的一个关键课题。尽管现有的问答营销已经具备原生内容的形态，但它依然有很大的创新空间，尤其是针对同一个痛点问题，不同的企业可以给出不同的解决方案。

10.2.2 用户即渠道，社交即营销

KOC（关键意见消费者）概念的提出，让更多的营销从业者把目光从明星和网红处进一步下沉到用户身边的"普通人"。他们有一定的影响力，其言行影响着身边的亲朋好友以及社交圈中的其他用户。同样，社会化问答平

台上的某些 KOC 也能够对平台上的其他普通用户产生认知和决策影响。毕竟任何一名消费者都不希望自己是小白鼠,他们想要参考其他已经购买过该商品或服务的用户的真实感受或体验。此时,来自真实购买用户的评价比明星或网红的代言、带货更具备参考价值。因此,KOC 们的一句正面评价,就有可能带动他身边少则几个人多则成百上千人的购买。

社会化问答营销活动能够帮助企业及用户,寻找并发现那些"从群众中来"的 KOC,并赋予问答形态更强烈的"社会化"或者"社交化"动能。使得来自 KOC 们的原生内容能够更快速、更广泛地在粉丝、圈子、同好或更多具有相关性的用户群体中流通,并借助直播、短视频、评论、喜欢、收藏等平台功能,形成传播和扩散,从而影响更多用户的认知和决策。因此,如何以更创新的形式,发挥社会化问答平台上具有一定影响力的 KOC 的价值,并调动强、弱关系的社交力量,也是社会化问答营销从业者要持续探索的课题。

10.2.3 内容即广告,传播即营销

内容与广告的融合发展是移动互联网时代媒介大融合的一个全新业态。从本质上讲,无论是内容还是广告,都是媒体或平台组织向用户传播的信息产品,尤其是在当前用户需求成为一切传播和营销活动价值起点的背景下,用户价值和用户体验更是成为衡量这些信息产品的根本标准。在这样的语境下,用户最终需要的是为自己量身定制的事实真相、意见结晶、娱乐元素、解决方案等,而不是新闻产品、电影产品、游戏产品、广告产品等信息产品类型。

如果广告能够提供这些价值,那么用户就会对广告产生大量需求;如果内容能够提供这些价值,用户就会把注意力转向具体的内容;如果问答产品能够提供这些价值,用户就会对社会化问答平台提供的答案产生依赖;如果融合了内容与广告、问答与营销、痛点与解决方案的信息产品能够为用户创

造阅读、观看、意义获取、休闲娱乐、轻松购物等极致体验，那么，内容与广告、问答与营销的相互融合发展就是值得肯定的。这也正是社会化问答平台更强调内容运营为企业带来的增长价值，而非推广单纯的信息流广告或其他传统营销形式的原因。在这样的语境下，怎样发挥内容的传播价值、影响价值和驱动增长的价值，是未来社会化问答营销创新过程中值得深入挖掘的价值点。

10.3 社会化问答营销的发展趋势

随着移动互联网技术、人工智能技术、5G 通信技术以及越来越多创新乃至颠覆性技术逐渐应用到社会化问答平台上来,社会化问答营销呈现出很多新的发展特征。未来一段时间,社会化问答营销可能会朝着如下几个方向不断演进。

10.3.1 场景化

由于问答这种内容形态本身就是一种非常明确的场景,其用户需求和解决方案都有着较强的指向性。因此,社会化问答营销需要更加巧妙地、有机地、顺畅地把营销融入具体的场景中去,才会获得更好的效果。

从当前的实践操作来看,社会化问答营销将营销融入内容、融入场景、融入解决方案的操作策略比起传统的信息流广告的营销方式效果更好,更接近于原生形式和原生内容,算是内容营销领域用户体验最好的营销形态。但事实上,它依然存在较大的改进空间。

比如,目前社会化问答营销的一个主要呈现形式就是营销插件,无论是商品页、小程序或好物推荐,基本都是以插件或商品卡片的形式呈现给用户,如图 10-1 所示。尽管这种方式具备简洁、直观、明了等特征,有利于提升用户的点击率和转化效果,但在一定程度上还是会影响用户的阅读体验。毕竟,用户更愿意相信自己是在理性思考和综合考量之后才决定要购买某件商品的。越是这种指向明确的营销形式,越有可能招致用户的警惕、反感甚至抵制,从而使营销效果大打折扣。

2020年双十二有哪些蓝牙耳机值得买?

放了两个耳机,一个是铁三角的头戴式,一个是bose的蓝牙耳塞。两个耳机你说音质能差多少,我个人感觉肯定是铁三角的好。因为价格相同的情况下,肯定是头戴耳机的音质要好。

铁三角的优点在于音质,特意备注了降噪,这的确是它的优点。

索尼的音质比较均衡,这款小耳塞的特点是触控。

铁三角 ANC700BT 头戴式 触控无线蓝牙 主动降噪耳机
京东
￥1680.00　　　去购买 ›

Bose无线耳塞 黑色 真无线蓝牙耳机 Bose小鲨 手势触控
京东
￥1399.00　　　去购买 ›

图 10-1　社会化问答营销主要的商品呈现形态

那么,怎样将品牌、商品或服务有机地融入用户的阅读场景和解决方案中去呢?从现有的经验来看,可以参考百科的超链接方式。当营销者将所要推广的品牌、商品或服务有机地融合进提问、问答、文章乃至视频等内容形态之后,可以选择类似百科的蓝色字体或引用来源等较为明显但又不影响继续阅读的方式呈现在用户面前,如图10-2所示。这样,一条回答或者一篇文章,无论在形式上还是在实质上,都更像是面向具体的需求场景而提供的一种实用性解决方案。用户在认可有针对性的解决方案之后,才会选择点击解决方案中提到的具体商品或服务的超链接。尽管这种营销方式不如插件或卡片的形式在视觉上更具直观性，但它并不会影响用户的体验，也能够有效地引导精准用户进行转化。

图 10-2 通过蓝色超链接的方式提升用户体验和转化效果

更进一步地，由于社会化问答平台自身已经积累了海量的话题、提问、回答、百科、文章、视频、专栏、Live 课程、电子书等内容，这些内容自身之间、与其他品牌和商品之间都存在多重维度的关联。如何通过类似百科这种不影响用户的阅读体验、同时又能够为特定内容或商品进行导流的超链接方式，打通内容与内容、内容与商品的连接，也是未来社会化问答营销从业者需要思考的一个问题。毕竟，当移动互联网流量红利逐渐消失后，存量用户和存量内容的激活与赋能必然成为大家关注的焦点。

10.3.2 视频化

视频化并不仅仅意味着短视频化，而是意味着媒介形态更丰富、内容呈现更多样、交互方式更灵活、营销方式更实效。因此，上述的视频化既包括长视频,也包括中视频;既包括直播,也包括虚拟现实。凡是能够以视听方式在社会化问答平台上开展更符合平台特色的创新方式,都有可能在未来的社会化问答营销图景中占据一席之地。

比如直播,尽管越来越多的移动互联网应用平台都在布局直播赛道、创新直播功能,但社会化问答平台的直播区别于其他平台的直播,其最主要的特征依然是鲜明的专业性、知识性、可信赖、有干货等。因此,基于直播的社会化问答营销更应该彻底与传统的 KOL 直播、明星艺人直播等方式区别开来。如何利用直播的形式将知识分享、经验分享、观点分享与在线的、实时的、视频化的问答有效结合起来,并将企业的品牌、产品或服务有机融合到一场直播活动中去,还有待于更深入的探索。

再比如长中短视频,尽管很多人认为短视频的竞争格局已基本成型,但依然有新的互联网企业入局。中长视频也是同样的道理,市场格局不会一成不变。未来,基于社会化问答平台的长中短视频究竟会向哪个方向发展,有着非常多的可能性,这也就意味着社会化问答平台的视频内容营销也有巨大的想象空间。一种可能的方向是,社会化问答平台根据自身的用户属性和内容属性,专注于提供相对垂直的视频内容产品。比如问答类短视频、中视频,知识类纪录片、综艺节目,面向新知青年用户群体的网络剧、网络电影等。此时,从业者就必须不断探索契合这些全新的社会化问答产品形态或功能的营销模式。如果有一档知识类的脱口秀大会,内容足够优质的话,放在知乎平台播出也会获得不输其他视频网站的点击量。因此,当每个平台、每个账号都成为一种传播渠道之后,未来的竞争将主要聚焦于内容本身,而营销最大的任务就是发现或孵化这样的内容资产,并使自己的产品或服务能够搭载着内容之船扬帆出海。

此外,在 5G 时代,社会化问答平台如何结合虚拟现实技术推出更具沉浸感、体验感、具身性、互动性的内容产品和交互功能,也成为平台各参与主体面向未来的营销需要关注的方向之一。其中,营销从业者需要思考的是,在虚拟现实场景下的问答互动中，产品和服务应该以怎样的形式更好地融入内容中，而不仅仅是作为一种道具出现。打造沉浸式的体验环境，将会给营销带来更多的可能性。

10.3.3 智能化

当前的社会化问答平台由于其本身所特有的内容导向属性，使得基于其本身的营销活动在一定程度上尚未实现更深层次的智能化。这在内容创作、内容分发、营销加速、营销转化等诸多方面都有较为明显的体现，在一定程度上影响了营销效率和效果。具体来看，基于社会化问答的营销活动应该在如下几个方面进一步提升其智能化程度。

首先是内容创作层面，当前的社会化问答平台已经向不同类型的创作者提供了内容分析、内容选题、文字一键生成视频等相关功能。在此基础上，平台可以进一步优化和改进这些功能。如根据机构号营销者提供的图文素材，自动生成更符合社会化问答平台特征的问答、文章和视频类内容。当然，智能化内容创作的作品离不开人工的编辑、审核和优化，但我们可以通过降低人工的参与度，来提升内容创作的效率。如何更加智能化、个性化以及精准化地匹配机构号的内容创作、采购需求和个人创作者的内容创作能力及其影响范围，也是值得深入研究的一个话题。尤其是在社会化问答平台上，内容创作和商品购买的智能化要实现的终极目标是让更多人的消费体验影响他人的消费决策，而不是少数 KOL 的简单"种草带货"与"流量收割"。

其次，在内容创作智能化需求的驱动下，必然会涉及非标内容采购和投放的程序化、个性化和智能化。这其中既涉及问答内容、图文内容，又涉及视频内容、直播内容乃至更多元化的其他内容形态。传统的信息流广告程序化投放，因其具有位置固定、实时竞价等特定的标准化相对较为容易实现，其本质仍然是"媒介采购+受众采购"，但社会化问答平台上的程序化复杂之处在于，其本质是非标准化的"内容采购+受众采购"。如何以最低的成本、最高的效率、最精准的策略和最个性化的方式完成营销信息与非标内容的有机融合，成为当下营销过程中的难点和关键点。目前来看，智能化的营销组件在问答和图文内容中的自动上线、自动下线功能相对容易实现，视频内容的自动化添加和去除浮标水印功能也相对较容易实现。最大的难点在于，如何更加智能化地识别哪些内容具有更高的匹配度、契合度、精准度和转化率。

此外，营销内容加速分发和流通的智能化也需要进一步提升。目前的社会化问答平台的个性化推荐系统主流策略依然是根据用户的历史数据和标签体系进行算法推荐，可无论是信息茧房的诟病，还是推荐不够精准的问题都依然存在。因此，如何改进推荐算法以帮助用户更好地过滤掉无效信息，是所有内容推荐和营销推荐系统需要不断思考的现实问题。

提问无处不在，这也就意味着用户在生活、工作、学习、社交、娱乐等各种可能的场景中都需要获得解答。有些解答只是简简单单的一个标准答案，比如100年前的农历春节究竟是阳历的几月几日，这样的问题是不存在争议的。但更多场景下的问答，无论是从提问者的角度，还是从回答者的角度来说，都无法给出一个完全标准的答案。但是，更多的用户参与回答与讨论，会使得大家对这个问题的看法趋于多视角、全景式以及更加全面。正是社会化问答这种连接和互动形式，把大家的认知盈余集合在一起，从而使得每一个提问者、回答者、阅读者和旁观者都能从中获益。同时，也正是因为每一个提问都包含着痛点，每一种回答都包含着解决方案，在这样的一问多答、多问多答、问答讨论的过程中，以及在痛点提出和痛点解决的过程中，包含着大量的营销机会。随着社会化问答行为本身的泛在化，社会化问答营销的机会也将变得泛在化。

一方面，泛在化指的是用户在日常生活中，需要借助社会化问答工具来解决现实问题的场景越来越多。比如在工作场景中，如何处理同事之间的关系、如何准备一场精彩绝伦的演讲、如何规划自己的职业生涯等，每一项工作都是一个问题，每一次行动都需要解决方案。在生活场景中，如何处理家庭关系或亲密关系、如何对子女进行更好的教育、如何选择家居用品等，每一个个体都希望了解其他个体的经验，每一次选择都意味着自己要在不同的商品或服务之间进行比较。在休闲场景中，要去看一场电影还是去看一场比赛、什么样的运动方式才是科学合理的、有哪些适合不同年龄阶段的休闲娱乐方式等，每一类群体都有自己的兴趣圈层，每一个圈层所选择的生活休闲方式都代表着某种消费观念。

另一方面，泛在化也意味着社会化问答功能将有可能成为更多移动应用的标配。例如，淘宝或京东这样的电商移动应用，在某种程度上，用户的留言和评论已经具备某种社会化特性，这些评论功能也有可能进一步拓展为社会化问答功能，因为已经购买了该产品的用户评价对其他潜在用户的影响效果是较为明显的。再比如，微信会不会增加社会化问答功能，其可能性也是有的。毕竟基于熟人、半熟人关系基础上的社会化问答，其可信赖程度要比单纯的陌生人关系更高。事实上，越来越多的移动应用都开始重视并发力社交方向，无论是相对简单的点赞、转发或评论，还是比较复杂的社会化问答或社会化互动，其中都蕴含着丰富的营销机会。随着社会化问答营销价值的进一步凸显，各大移动应用平台都可能会根据自身应用的特征增加相应的问答功能。

此外，社会化问答应用本身也有可能变得更加泛在化。一方面是与诸如搜索引擎、移动电商、内容资讯、生活服务等诸多应用合作，当用户在其他应用平台内搜索相应关键词时，为他们提供社会化问答式的解决方案；另一方面，社会化问答平台也需要从手机、平板、电脑等终端向诸如家用机器人、智能汽车、智能电视等更多终端迁移。这也是其泛在化的某种表现。

10.3.4 即时化

当前社会化问答平台上的很多内容都具有一定的长尾性和长效性特征，

这些特征能够在社会化问答平台上不断地被发掘出来，因此可以持续地获取相应的流量。但对于社会化问答营销而言，尽管部分用户的消费决策依然存在一定周期，但我们也能看到越来越多的即时性、冲动性的消费行为。这就意味着，当用户提出某一问题时，他在很大程度上需要的是即时化的解决方案。如果从业者的营销能够在第一时间为用户提供某种回答，提供某种产品或服务层面的解决方案，就会极大地提升营销的转化效果。否则，用户的即时性需求转瞬即逝，他可能在提出问题的第二天就不再需要我们提供的解决方案了。这就对当前的社会化问答营销提出了更高的要求：一方面，营销人员需要做到在用户提出某一痛点问题的时候，进行即时响应；另一方面，在其他用户遇到、搜索或浏览相似问答内容的时候，即时向这些用户推荐包含营销信息的解决方案或问答内容。

重要名词

冲动性购买

相对于计划性购买行为，冲动性购买行为（impulse buying）的概念是复杂而又矛盾的。以下定义基本上抓住了冲动性购买的复杂特点。

冲动性购买是一种突然发生的、具有一定强迫性的、享乐主义的复杂购买行为；在这种行为中，购物决策行为的快速性妨碍了消费者对各种信息和可替代的选择进行深思熟虑的考虑。具体特点有：（1）冲动性。即突然涌现出来的一种强烈的购买欲望，而且马上付诸行动，这种行动和常规的购买行为不同。（2）强制性。即有一种强大的促动力促使顾客马上采取行动，在某种程度上顾客会一时失去对自己的控制。（3）情绪性。即突然的购买促动力，常常伴随着激动的或是暴风骤雨般的情绪。（4）不计后果性。即促动购买的力量是如此强烈和不可抵挡，以至于对购买行为的潜在不利后果很少或根本没有予以考虑。

在移动互联网时代，营销广告的活动过程中，消费者从注意到购买的决策过程被极大地压缩了，后稀缺时代的"注意力模型"已经发生了本质的变化。可以说，在用户注意力集中在移动互联网的年代，"注意－购买"模型是 AIAFF（Attention 引起注意—Interest 引起兴趣—Action 购买行动—Forward 转发分享—Forget 快速遗忘）这一全过程。

这其中 Forget（快速遗忘）意味着，在内容营销时代，用户注意力不断地在爆款内容、热点事件和刷屏视频中切换，导致他们很容易就遗忘上次的情感驱动型购买行为。但是，这也意味着他们下次还会继续为这种情感冲动而消费。这时，社会化问答营销如何能够在即时场景中满足用户需求，将是未来营销工作中重点需要考虑的问题之一。

未来，更理想的社会化问答营销表现是向用户推荐场景化的内容信息。一个人在特定时间和特定空间下的位置决定了他所处的场景，而这个场景又决定了他会对什么样的信息感兴趣。当企业、平台和营销者获得了大量用户的场景数据之后，它们就可以根据这些数据挖掘出用户的潜在需求，并通过更加精准的个性化内容去激发用户的消费欲望和消费行为。随着大数据在营销领域的快速应用，内容与营销深度融合的内容池运营逻辑的兴起，营销人员将会越来越精准地计算出用户所在的特定场景，从而预测出他们在所处场景或者即将所处的下一个场景中的具体消费需求，并快速生产定制化、内容化的营销信息，精准投放到用户正在使用的媒介终端或者正在浏览的内容界面上，从而对市场形成拉力而不是推力。这种将内容、营销、用户和场景完美匹配的方式，使得营销者所投放的信息好像是为特定用户量身定做的一样，它彻底颠覆了传统的信息流广告投放模式，开启了一种全新的个人市场和精准的个人内容运营模式。这样，企业只要能够跟踪、获取、记录并分析用户生活中的每一个瞬间场景，就能够在用户对其商品或服务感兴趣的一刹那将内容化的营销信息推荐给他们，从而使得用户的潜在需求向着实际需求和实际消费转化。

实训作业

1. 讨论一下：知乎发力视频内容，会对未来的社会化问答营销带来哪些机遇与挑战。
2. 本书中分析过"考试前最后一个礼拜再复习还能过英语四级吗？"这样的案例，在知乎上有很多类似的内容会被反复激活和阅读，从而获得持续性的自然流量。思考一下，企业生产什么类型的内容才会获得这样持久传播、持续转化的效果？
3. 大开脑洞，畅想一下虚拟现实场景下的社会化问答营销将会变成什么图景。